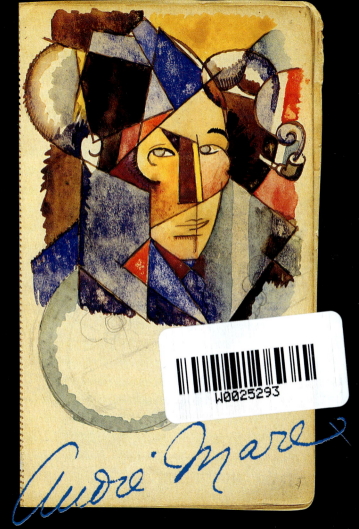

canon de 280

Le second dessiné a Lanigny.
à posé à la carrière. Semelle à 1 m.
au dessous du sol.
Vue sur le Piémont

O.D.90 - Boyau a Reims.
au lieu de Piémont sud.
mêmes caractéristiques.

---

18 février. Lejeune et moi recevons la
Croix de guerre.

Ressons, 12 mars, 17

Le Plémont

Patrouilleurs français de 1914 tombés dans le bled

La porte Rouge

Le Verlot

1.80
2.00

XXII XXIII XXIV

3 OD.52 . Arbre Mauvezin.
                Boyau de Mulhouse
sable jaune.
travail exécutable de jour
camion jusqu'au Chauffour.

XXV XXVI XXVII

3 OD.52 . Observatoire du 80.
                Boyau d'Alsace
sable jaune et feuille morte.
transport de jour, travail de nuit.
Camion jusqu'au Chauffour

XXVIII XXIX XXX

3 OD.52 - Tranchée de Clèves
devant abri de France.
raphia couleur feuilles mortes.

50 h. de corvée
seront fournis
par le groupe.
mêmes   50 par C.A.D.
dispositions que   10 resteront à
pour les précédents. disposition.
                     6 pelles et 6 pioches
                     120 sacs par groupe
                     de 3 cabines.

prévenir 2 jours à l'avance C.A.D.61
et le groupe à Haserne. du jour,
terre et vendredi.

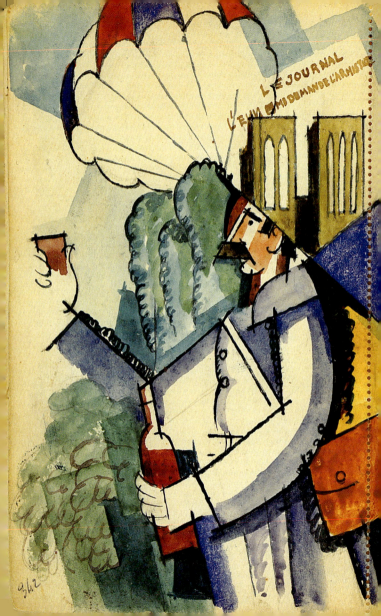

Stéphane Audoin-Rouzeau et Annette Becker sont tous les deux professeur d'histoire contemporaine, le premier à l'université de Picardie-Jules Verne, la seconde à Lille-Charles de Gaulle. Ils codirigent le Centre de recherche de l'Historial de la Grande Guerre (Péronne, Somme). Leurs recherches ont trait à la «culture de guerre» pendant la Première Guerre mondiale. Sur cette période, Stéphane Audoin-Rouzeau a notamment publié : *1914-1918. Les Combattants des tranchées*, Paris, Armand Colin, 1986 ; *La Guerre des enfants (1914-1918)*, A. Colin, 1993 ; *Combattre*, CRDP, 1995 ; *L'Enfant de l'ennemi*, Paris, Aubier, 1995. Annette Becker a notamment publié : *Les Monuments aux morts Mémoire de la Grande Guerre*, Errance, 1988 ; *La Guerre et la foi*, Armand Colin, 1994 ; *Oubliés de la Grande Guerre, Humanitaire et culture de guerre*, Noêsis, 1998.

A Sarah-Laure
A Eloi, Ambroise et Raphaël

Tous droits de traduction
et d'adaptation réservés
pour tous pays
© Gallimard 1998

1ᵉʳ dépôt légal : septembre 1998
Dépôt légal : décembre 1998
Numéro d'édition : 89785
ISBN : 2-07-053434-0
Imprimé en Italie
par Editoriale Lloyd

LA GRANDE GUERRE
1914-1918

Stéphane Audoin-Rouzeau et Annette Becker

DÉCOUVERTES GALLIMARD
HISTOIRE

« Août 1914! Le tableau qu'offrit Paris pendant les premiers jours de la mobilisation demeure un des plus beaux souvenirs que m'ait laissé la guerre. La tristesse qui était au fond de tous les cœurs ne s'étalait point. Les hommes pour la plupart n'étaient pas gais; ils étaient résolus, ce qui vaut mieux. »

Marc Bloch,
Souvenirs de guerre, 1914-1915

CHAPITRE PREMIER
ENTRER DANS LA GUERRE

L'ordre de mobilisation (1er août 1914) une fois lu sur les mairies ou entendu par la voix des gardes champêtres, les hommes convergent vers les dépôts et les gares. Ce cliché, pris à Paris, d'un bataillon d'infanterie partant pour le front illustre bien la résolution patriotique des hommes et des femmes, qui ne va pas sans tristesse.

14 ENTRER DANS LA GUERRE

Le conflit qui débute en 1914 ouvre l'ère des catastrophes pour l'Europe et pour le monde : commencé sur le continent européen, il se transforme en un immense affrontement mondial, non seulement militaire, mais aussi économique et idéologique. Toutes les ressources des sociétés belligérantes ont été mises au service de cette Grande Guerre des patries. La guerre est mondiale : il n'est guère de territoire qui n'ait été touché, sinon par les combats qui se déroulent principalement en Europe et au Proche-Orient, du moins en tant que fournisseur d'hommes, de matériel, de ravitaillement.

La guerre devint très vite «totale» dans la mesure où un très grand nombre de civils furent frappés de plein fouet par le conflit : beaucoup connaissent invasion, occupation, ou même proximité des champs de bataille ; certains

subissent les premiers bombardements aériens de l'histoire; presque tous travaillent directement ou indirectement pour la guerre, pour la nourriture et l'armement des combattants. Tous enfin ont au moins un proche au front, pour lequel et avec lequel ils souffrent en espérant la fin prochaine du conflit. La guerre, finalement, a étendu la «culture de guerre» aux peuples du monde entier.

Le bilan tient en quelques chiffres : sur 70 millions d'hommes ayant porté l'uniforme pendant ces quatre années, près de 10 millions sont morts. Trois à quatre fois plus ont été blessés. En moyenne, près de 900 Français et 1 300 Allemands sont morts chaque jour entre 1914 et 1918. Et on ne sait pas avec exactitude combien d'orphelins, de veuves, de parents privés d'un ou de plusieurs fils, de sœurs privées d'un ou de plusieurs frères, combien de grands blessés enfin ont vu leur vie définitivement brisée par l'immense conflit.

Les croix de bois sont devenues non seulement le symbole de la mort mais aussi celui de la guerre elle-même, comme le montrent bien les tombes des soldats inconnus – ou «connus de Dieu seulement», selon la formule anglaise. Pour tous les belligérants, la création de cimetières militaires fut un devoir primordial pendant et après le conflit. Ces espaces sacrés sont «nationalisés» et continuent à porter la marque du conflit : stèles noires pour les vaincus, blanches pour les vainqueurs.

Pourquoi?

La question des causes de la guerre de 1914 est d'une extrême complexité et, dans une large mesure, il reste une part de mystère dans la manière dont les puissances européennes se sont laissées glisser vers la catastrophe. Comme l'a écrit à ce sujet François Furet : «Plus un événement est lourd de conséquences, moins il est possible de le penser à partir de ses causes.»

La brutalité du passage de la paix à la guerre et l'investissement massif des Européens dans le conflit qui commence en août 1914 peut donner l'impression que l'Europe vivait dans une psychose, voire une attente de guerre. Ceci est un mythe : juillet 1914 fut un mois d'été ordinaire. Si, dans tous les pays, des franges nationalistes exaltaient la guerre salvatrice, elles restaient très minoritaires.

En revanche, ces manifestations belliqueuses étaient prises au sérieux dans les pays voisins : les Russes et les Français craignaient la puissance allemande et les Allemands se croyaient encerclés de toutes parts par les Français, les Russes et les Anglais, isolés en dépit de leur alliance avec l'Autriche-Hongrie et en butte à l'hostilité de leurs voisins. Cette idée de menace a beaucoup compté dans l'organisation des deux alliances : la Triplice

Les dessins pour enfants de l'Alsacien Hansi témoignent du maintien d'une nostalgie persistante des «provinces perdues» au cours des années 1900. Mais à travers les occupants-promeneurs allemands, ici ridiculisés, c'est surtout la germanophobie qui s'exprime.

(l'Allemagne, l'Autriche-Hongrie et l'Italie, qui finalement restera neutre en 1914) et la Triple Entente (France, Royaume-Uni, Russie). Pour autant, il n'est pas aisé de comprendre comment s'étaient cristallisées ces images réciproques dans les opinions et au sein des milieux dirigeants européens.

Nationalisme et pacifisme internationaliste s'étaient renforcés de leur mutuelle hostilité. L'opposition des socialistes à la loi des trois ans de 1913 (allongeant le service d'une année afin de renforcer l'armée active) n'était pourtant pas de type antipatriotique. Inversement, ce serment de conscrits devant un monument aux morts de la guerre de 1870 pourrait faire penser à une sorte d'exaltation guerrière des nationalistes; en réalité, leurs adversaires étaient davantage à l'intérieur (socialistes, francs-maçons, juifs, régime parlementaire) qu'à l'extérieur des frontières nationales.

France et Allemagne

Les points de tension étaient multiples. Un des principaux était la tension franco-allemande. Celle-ci tenait moins au souvenir de la guerre de 1870 et à l'idée de Revanche française, fort estompée dès la fin du XIXᵉ siècle, qu'aux graves crises ayant opposé les deux puissances pour le contrôle du Maroc en 1905 et 1911. Bien que résolues pacifiquement, les crises marocaines de Tanger et d'Agadir avaient souligné la vigueur des rivalités coloniales entre les pays européens, rivalités qui opposaient également l'Angleterre à l'Allemagne, lancées l'une et l'autre dans une vive compétition pour la supériorité industrielle, commerciale et navale. C'est dans ce contexte qu'une course aux armements s'était installée et accélérée dans les années précédant 1914.

Cette affiche de 1903 démontre que si les Allemands tiennent à la paix armée (*Krieg im Frieden*), ce n'est pas sans avoir bâti une force navale capable de défier la Grande-Bretagne, en particulier sur le terrain colonial.

En France et en Allemagne, les nouvelles lois militaires avaient en outre sensiblement augmenté les effectifs des armées actives. Autant d'éléments qui avaient ancré l'idée dans de larges secteurs des opinions et des cercles dirigeants européens qu'une guerre était inévitable. Une telle conviction facilita l'acceptation fataliste de la guerre une fois la crise internationale enclenchée : l'événement parut répondre à une représentation de l'avenir très répandue, tout particulièrement en Allemagne.

Cette caricature anglaise du début de la guerre est assortie d'un texte explicatif : « Ecoutez, écoutez les chiens aboyer : toute l'Europe doit se liguer contre le teckel allemand enragé, jusqu'à ce qu'on trouve la bonne muselière. Les chiens sont lâchés, la paix est perdue. »

Sarajevo, l'étincelle dans la poudrière balkanique

Au titre des facteurs déclenchants immédiats, c'est la vive tension dans les Balkans au cours des années 1900 qui a pesé d'un poids décisif. Dans la péninsule balkanique, la Russie s'estimait la protectrice naturelle des Slaves et donc de la Serbie. L'Autriche-Hongrie, au contraire, avait annexé la Bosnie en 1908 et voyait dans l'Etat serbe une menace grave pour la cohésion de l'ensemble multinational austro-hongrois, en raison de l'attraction de la Serbie sur les populations slaves de la Double Monarchie.
Les tensions avaient été davantage exaspérées

Le 28 juin 1914, François-Ferdinand, héritier et neveu du vieil empereur d'Autriche François-Joseph, est assassiné à Sarajevo, dans la province de Bosnie-Herzégovine récemment annexée par l'Autriche aux dépens de la Serbie. Les auteurs de l'attentat, six nationalistes du groupe «Jeune Bosnie» (ci-dessous, arrestation de Gavrilo Princip), tenaient à frapper un Habsbourg pour montrer leur refus d'appartenir à un empire honni. Mais en Autriche, on veut saisir l'occasion pour en finir avec l'irrédentisme serbe. En un mois, l'engrenage se refermera sur l'Europe.

encore par les deux guerres balkaniques de 1912 et 1913, la première ayant opposé les Etats des Balkans à l'Empire ottoman et la seconde ces mêmes Etats entre eux. La «poudrière balkanique» était désormais déchirée par des «nationalismes d'existence» (René Girault) exacerbés. Dans ces conditions, l'attentat de Sarajevo le 28 juin 1914 a joué le rôle d'une simple étincelle.

Dans les Balkans, les volontés russes (par panslavisme) et austro-hongroises (par désir de progression «naturelle» vers le sud) s'affrontent tandis que les Slaves du Sud revendiquent une Grande Serbie.

Après l'assassinat par des nationalistes serbes de l'archiduc héritier d'Autriche, le jeu des alliances, associé à la faible implication britannique dans la crise qui fit croire à l'Allemagne que la Grande-Bretagne n'interviendrait pas dans un conflit continental, ont précipité en quelques jours l'Europe entière dans le drame. En fait, l'Allemagne a assumé le risque calculé d'une guerre courte et limitée destinée en particulier à conforter son seul allié solide, l'Autriche-Hongrie. A ce titre, on peut dire que l'Empire allemand endossa la responsabilité principale (mais certainement pas unique) du conflit, mais d'un conflit destiné au départ à rester d'ampleur restreinte. Fin juillet-début août, la crise internationale échappa à tout contrôle du fait de la mécanique des alliances et des sentiments nationaux. En ce sens, l'éclatement de la guerre fut une faillite de la diplomatie européenne : la guerre ne put être contenue dans les limites initialement prévues et devint immédiatement un conflit généralisé.

A la suite des deux guerres balkaniques, personne n'est satisfait, et chacun se cherche des alliés. L'Empire ottoman humilié se rapproche de l'Allemagne. Par le jeu des alliances, tous les grands Etats européens sont concernés et vendent des armes. Les brutalités des armées en 1912-1913 et les atrocités contre les populations civiles (ci-dessus, pendaisons) peuvent être perçues comme un prélude à 1914.

Départs en guerre et Unions sacrées

Si les populations européennes, surtout celles des campagnes, sont loin d'avoir accueilli la guerre avec enthousiasme, on part cependant partout avec la résolution du patriotisme défensif : tous les peuples pensent être agressés. Même les socialistes qui, dans les derniers jours de juillet, ou encore au début du mois d'août à Londres, manifestent contre la guerre, se rallient aux politiques de défense nationale. Bien sûr, on ne peut préjuger de l'attitude d'un Jean Jaurès, assassiné le 31 juillet par un nationaliste exalté, Raoul Villain. Mais dès le 18 juillet, le tribun socialiste n'en avait pas moins affirmé : « Il n'y a aucune contradiction à faire l'effort maximum pour assurer la paix, et, si la guerre éclate malgré nous,

L'embarquement des soldats donna souvent lieu à des scènes de patriotisme exalté, largement photographiées. Elles exorcisaient sans doute l'angoisse profonde. Ces soldats plus âgés (territoriaux), qui partent de Dunkerque, font preuve, au contraire, du plus grand calme.

à faire l'effort maximum pour assurer, dans l'horrible tourmente, l'indépendance et l'intégrité de la nation.» La quasi-totalité des socialistes firent passer leur patriotisme avant l'internationalisme, parce que le premier était, à leur insu le plus souvent, bien plus profondément ancré que le second. En France, il ne fut même pas nécessaire de procéder aux arrestations prévues d'antimilitaristes.

Les luttes politiques, les grèves et les revendications des nationalités furent suspendues partout, et des cabinets d'union nationale furent parfois formés, comme en France dès 1914 ou en Grande-Bretagne en 1915. Le phénomène fut dénommé «Union sacrée» en France par le président Poincaré, *Burgfrieden* («trêve des partis») en Allemagne. Dans la plupart des Etats, les parlements unanimes votèrent les crédits de guerre, y compris les députés socialistes, parfois dans un enthousiasme et une émotion indescriptibles comme ce fut le cas au Reichstag le 4 août.

Dans les capitales, des manifestations d'enthousiasme se produisirent lors des déclarations de guerre, du 28 juillet au 2 août. C'est à Berlin, ville de croissance rapide et récente, plutôt qu'à Vienne, que l'exaltation se fit instrument de communication entre les habitants.

Imaginer la guerre

La France et l'Allemagne, les deux protagonistes principaux en 1914, disposaient de forces d'active sensiblement comparables et pouvaient mobiliser rapidement un million de réservistes. Faute de conscription, les forces terrestres britanniques étaient nettement plus réduites, et éparpillées dans l'empire. La Russie disposait d'une supériorité numérique écrasante, mais sa capacité de production industrielle était très inférieure à celle des Puissances centrales – Allemagne et Autriche-Hongrie, au centre de l'Europe, au centre des deux fronts – et le retard de ses infrastructures lui interdisait toute mobilisation rapide.

Les plans des états-majors prévoyaient une guerre offensive et courte. Cette illusion prévalut au cours des premières semaines du conflit. Les militaires étaient persuadés que, malgré l'immense progression de la puissance de feu à la fin du XIXe et au début du XXe siècle (artillerie et mitrailleuses en particulier), l'action offensive de l'infanterie et l'énergie morale des hommes seraient décisives. Les soldats allemands, avec leur uniforme *feldgrau* (vert-de-gris), étaient équipés de manière plus adaptée que les Français en pantalon rouge, mais le manque de casque efficace dans les deux armées montre bien à quel point on sous-estimait les effets du feu.

Mort d'un mythe : la guerre courte

A l'ouest, les Français (3 600 000 hommes mobilisés) appliquent le «Plan XVII» sous le commandement en chef de Joffre. Ils attaquent en direction des «Provinces perdues» de 1870, mais le corps de bataille français se heurte à une résistance adverse efficace et meurtrière. La prise de Mulhouse, reçue dans l'enthousiasme, sera sans lendemain.

En revanche, le plan allemand «Schlieffen», mis en œuvre par le général Moltke, se révèle, dans un premier temps, plus probant. Les Allemands, qui entendent vaincre la France en six semaines pour se retourner ensuite contre les Russes, traversent la Belgique qui, contre toute attente, a décidé de résister militairement à la demande allemande de libre passage. Puis, après une «bataille des frontières» qui tourne très mal pour les Anglais et les Français, les Allemands envahissent le nord de la France. Ils sont à moins de 50 kilomètres de Paris quand la contre-attaque de Joffre sur le flanc de leur corps de bataille les force à une retraite partielle.

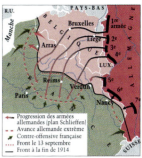

A l'exemple du fantassin français (à gauche), l'équipement de toutes les armées européennes est encore rudimentaire en 1914. La volonté de combattre, en revanche, est très affirmée : les Belges le prouveront en ralentissant efficacement l'avance allemande lors des premières semaines du mois d'août (ci-dessus).

Entre le 5 et le 9 septembre, la bataille de la Marne est gagnée, en partie parce que les trains, mieux utilisés par les Français, permettent une concentration plus efficace des forces, en partie parce que les Allemands opèrent trop lentement, surtout à l'aile droite, trop peu puissante et qui doit, selon le plan Schlieffen, couvrir la distance la plus longue. Le rôle des «taxis de la Marne», lui, fut purement anecdotique.

Chacun des deux camps essaya alors de contourner l'adversaire : ce fut la «course à la mer», qui ne s'arrêta que sur les côtes de la mer du Nord. Dès novembre 1914, la guerre de mouvement cessa. Les pertes humaines étaient épouvantables : pour les Français par exemple, qui ont perdu 300 000 hommes dans des actions souvent insensées faute d'un soutien suffisant en artillerie, ces chiffres sont en moyenne journalière les plus lourds de la guerre.

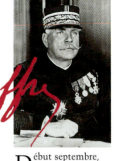

Début septembre, après un mois d'échecs sanglants, Joffre comprit que le corps de bataille allemand offrait son flanc en contournant Paris. Il donna les ordres décisifs qui permirent la victoire de la Marne.

En revanche, sur le front est, les succès allemands sont plus décisifs : les Russes avaient tout d'abord surpris les Allemands et les Austro-Hongrois par une offensive dont on ne les croyait pas capables. Mais en Prusse orientale, fin août 1914, les généraux Hindenburg et Ludendorff éloignent la menace slave – de loin la plus redoutée des Allemands – grâce à l'immense victoire de Tannenberg.

Les taxis de la Marne (ci-dessus) sont restés le symbole de la capacité d'improvisation française face aux Allemands. En fait, ils ne transportèrent que 4 000 hommes à un endroit secondaire pour le sort de la bataille.

« Il n'y a rien de plus horrible à la guerre que de subir un bombardement. Un homme est là, seul dans son trou. Il a une acuité extraordinaire de jugement. C'est trop stupide de rester là à attendre la mort ! Tout est préférable à cela ! Et l'homme reste dans son trou, impuissant, attendant, espérant le miracle. »

La Saucisse,
journal de tranchées, avril 1917

CHAPITRE II
COMBATTRE DANS UNE GUERRE NOUVELLE

Lorsqu'il peint *Der Krieg* (à gauche), en 1914, l'engagé volontaire Otto Dix n'imaginait pas l'utilisation des gaz (masque ci-contre). Dès leur apparition, ces derniers furent dénoncés comme une violation fondamentale des règles de la guerre. L'emploi des gaz est d'ailleurs resté dans la mémoire collective comme l'un des principaux franchissements de seuil de violence survenus au cours du conflit.

Les tranchées, un système défensif sophistiqué

L'impossibilité de vaincre a vite bloqué les armées face à face sur les deux fronts principaux, le front ouest depuis la mer du Nord jusqu'à la frontière suisse, le front est, resté toutefois plus fluide, de la Baltique aux Carpates. La guerre de position révèle la supériorité de la défensive sur l'offensive dans les conditions tactiques des premières années de la guerre et met en relief l'incapacité des deux camps à l'emporter militairement.

Le front stratégiquement décisif resta toujours le front ouest : long de 700 kilomètres, il prend

la forme d'un réseau de tranchées et de boyaux de communication d'une largeur de quelques kilomètres. En première ligne, les adversaires ne sont séparés que par quelques centaines de mètres – parfois quelques dizaines seulement – recouverts de barbelés : le no man's land. Les tranchées allemandes sont les mieux aménagées et forment dans certains secteurs de véritables réseaux souterrains en béton, disposant parfois d'électricité et même de chauffage.

Ressemblant d'assez loin aux modèles des manuels d'instruction (à droite), les tranchées n'offraient qu'une protection précaire. Les sapes, en revanche, étayées et creusées en profondeur, comme celle de ce soldat de Verdun, étaient plus sûres. Mais peu d'abris étaient capables de résister aux coups directs des plus gros calibres. Ils devenaient alors les tombeaux de leurs occupants enterrés vivants.

Les réseaux de barbelés que chaque camp disposait devant ses lignes constituaient une défense redoutable : si de larges brèches n'avaient pas été ouvertes par l'artillerie, les vagues d'assaut, qui sortaient de la tranchée au moyen de petites échelles appelées «échafauds» par les Français (visibles sur cette aquarelle représentant le moment précédant l'attaque), se fracassaient inévitablement sur les fils de fer adverses. La vision des cadavres accrochés à leurs pointes de métal, leur odeur, constituaient un des spectacles les plus atroces que les soldats aient dû endurer.

Les Allemands, mieux formés à «remuer la terre» dès avant 1914, et installés sur un territoire qui n'est pas le leur, n'éprouvent pas en effet la même répugnance que leurs adversaires pour une forme de guerre immobile, récusée par les états-majors britannique et français.

Ces systèmes défensifs sophistiqués – le combat de tranchée n'est sommaire qu'en apparence –, qui ne trouvèrent leurs limites qu'à partir de 1918, n'ont pas empêché les deux camps d'organiser pendant quatre ans des offensives répétées destinées soit à user l'adversaire, soit à percer enfin le front pour revenir au mouvement.

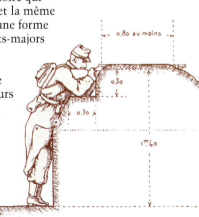

LES FRONTS DE 1914 À 1917

Ce cliché permet de mesurer les effets du bombardement d'artillerie. Les corps de ces soldats allemands, tués en 1917, paraissent désarticulés par la violence de l'explosion. L'aspect presque obscène, parfois, des cadavres de soldats touchés de plein fouet, a souvent été noté par les combattants.

1916, l'année de Verdun et de la Somme

Dès 1915, les Franco-Anglais tentent de percer en Artois et en Champagne, sans succès. L'année 1915 est surtout vouée chez les Français au «grignotage» (Joffre) des positions adverses, une tactique très coûteuse en hommes.

L'année 1916 est celle qui s'est inscrite le plus profondément dans la mémoire collective, aussi bien en France qu'en Allemagne ou en Angleterre. C'est l'année de l'«enfer» de Verdun, la plus grande bataille de la guerre pour les Allemands et les Français. Entre le début de l'offensive, en février, et le mois de décembre, date à laquelle les Allemands sont finalement ramenés sur leurs positions de départ, ces derniers ne réussissent pas, malgré le sacrifice de 240 000 hommes, à «saigner à blanc» l'armée française, selon l'expression révélatrice de von Falkenhayn. En face, les 260 000 morts français témoignent de l'engagement de toute l'armée, grâce à la noria des régiments organisée par le général Pétain, qui a pris le commandement du secteur au moment le plus critique : ainsi, les deux tiers des régiments français sont passés sur un champ de bataille devenu emblématique pour cette raison même et aussi parce que Verdun fut une bataille purement défensive, menée parfois, dans certains endroits, par de minuscules groupes d'hommes, accrochés au terrain, alors que tous les liens tactiques étaient rompus. Enfin, comme tous les survivants l'ont affirmé, Verdun a cumulé un cortège d'horreurs et de souffrances qu'aucun autre champ de bataille n'a pu égaler.

L'année 1916 est aussi celle de l'offensive de la Somme. Engagée le 1er juillet 1916 par les Anglais avec un important soutien français, elle se heurta,

Le champ de bataille de Verdun fut ravitaillé par la route Bar-le-Duc/Verdun : c'est l'affirmation du moteur à essence. La file ininterrompue de véhicules, de jour comme de nuit (ci-dessous, tableau de Georges Scott peint en 1916), revêtit aussi une portée symbolique : Maurice Barrès donna le nom de « Voie Sacrée » à cette artère devenue vitale en 1916. Elle le porte encore de nos jours.

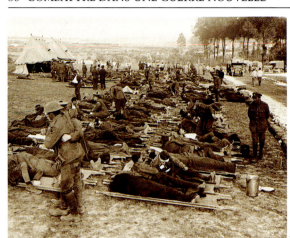

La guerre des mines, creusées sous les lignes adverses, connut son apogée à Vauquois (à l'ouest de Verdun) en 1915 et sur la Somme le 1er juillet 1916. Les explosions, prévues de longue date, purent y être filmées et photographiées (ci-dessous).

là encore, à la puissance des défenses souterraines allemandes, appuyées par les pilonnages d'artillerie et les tirs de mitrailleuses. La Somme joua pour les Allemands le rôle de Verdun pour les Français : celui d'une bataille à forte légitimité défensive où les troupes ont eu le sentiment de défendre le Rhin sur la Somme (*Wacht an der Somme*, la «garde sur la Somme»).

Pour l'armée anglaise, en revanche, la Somme est un désastre sans précédent historique. Celle-ci a perdu dès le premier jour de l'offensive près de 60 000 hommes, dont 20 000 tués, touchés surtout dans les premières heures. La plupart des soldats étaient des volontaires de l'«armée Kitchener», levés depuis l'été

1914, d'où leur inexpérience; c'est ainsi que le commandement, qui ne voulait pas perdre le contrôle de ses hommes, donna l'ordre insensé d'avancer au pas vers les tranchées allemandes.

Ces deux immenses engagements ont duré des mois. Ils ont davantage été d'interminables sièges en rase campagne que des «batailles» au sens classique du terme. Dès cette date, il devient donc évident que la tactique de l'attaque frontale ne peut conduire qu'à l'échec, quels que soient les moyens mis en œuvre – la puissance de la préparation d'artillerie franco-britannique sur la Somme, fin juin 1916, n'avait eu aucun précédent depuis le début de la guerre. Si l'on arrive parfois à enlever les premières lignes et à percer le front sur quelques kilomètres, il n'est jamais possible de se maintenir durablement sur les positions conquises. En effet, on ne peut faire avancer l'artillerie dans le paysage bouleversé du no man's land, alors que celle-ci est indispensable à la progression de l'infanterie. D'autre part, les renforts adverses, acheminés par camions ou par trains, parviennent toujours plus vite que les fantassins ne progressent : toute offensive, même victorieuse, perd donc de sa vigueur au fur et à mesure et tend à s'enliser.

Des blessés anglais, touchés à la fin de la bataille de la Somme en septembre 1916 (page de gauche), attendent d'être évacués vers Albert, la grande ville de l'immédiat arrière-front britannique. La blessure était très fréquente : près de 40 % des mobilisés français ont été blessés au moins une fois, et un très grand nombre l'ont été de manière répétée. Malgré les innovations médicales du XIXe siècle et les nouvelles techniques induites par la guerre de 1914 elle-même (radioscopies, orthopédie, greffes, transfusions sanguines, prothèses), 30 à 60 % des mobilisés selon les armées resteront invalides, physiquement ou psychologiquement – car la «névrose de guerre», liée aux traumatismes causés par le combat, fut une des pathologies les plus courantes, les moins reconnues et les plus mal soignées du conflit.

LE CINÉMA TÉMOIGNE 39

Ces images d'assaut sont tirées du film *The Battle of the Somme*, réalisé par les Britanniques en 1916. Il témoigne de l'affirmation du film d'actualité au cours de la Grande Guerre. Ce nouveau média se présentait généralement sous la forme de courts métrages. Ce n'est pas le cas de *La Bataille de la Somme*, dont les images furent tournées par plusieurs opérateurs lors de l'offensive du 1er juillet 1916, et qui fut présenté au public britannique dès l'automne. Plusieurs dizaines de millions de spectateurs le virent, et le film suscita une émotion considérable au sein d'un public désireux, après deux ans de guerre, de mieux comprendre l'expérience du front et de retrouver, peut-être, des visages aimés. Les images étaient mobilisatrices et patriotiques mais, en même temps, dures et réalistes. Les conditions de tournage ne permettaient pas, toutefois, de filmer le combat sur le no man's land : ces deux «assauts» sont donc des faux. Il s'agit de reconstitutions tournées en arrière des lignes.

COMBATTRE DANS UNE GUERRE NOUVELLE

Les armes

Les soldats, pour l'essentiel des civils ayant revêtu l'uniforme de leurs patries respectives, font l'apprentissage de la brutalité du combat, et en particulier de la puissance des bombardements d'artillerie qui, en période d'offensive, duraient parfois plusieurs jours d'affilée. Il leur est très difficile de s'en protéger. Seuls les abris les plus profonds résistent aux coups directs – contrairement à la tranchée où les hommes ne peuvent compter que sur leur casque, accroupis le long des parois, leur sac posé sur la nuque. L'artillerie est l'arme maîtresse du champ de bataille, particulièrement en 1916. Elle a ainsi infligé 70 % des blessures de la Grande Guerre. Des blessures atroces, sans aucun précédent, liées à la violence des explosions – capables de volatiliser littéralement les corps – et à la force vive des éclats d'obus, qui peuvent trancher en deux n'importe quelle partie du corps humain.

Les mitrailleuses, ces armes caractéristiques de la guerre industrielle, ont fait également d'immenses ravages : lorsqu'elles n'avaient pas été détruites par le bombardement

Les éclats d'obus provoquèrent les pires blessures de la guerre. Les plus gros, lorsqu'ils n'avaient pas perdu leur vitesse, enlevaient les visages, les têtes, les jambes, les bras, dilacéraient les ventres, coupaient parfois en deux le corps d'un homme. Il n'était d'ailleurs pas rare que des lambeaux de chair fussent projetés sur les vêtements, les visages de ceux qui se trouvaient à proximité. Mais tous les éclats n'avaient pas la taille de celui présenté ici : certains blessés furent touchés par une multitude de petits fragments, dès lors très difficiles à déceler et à extraire.

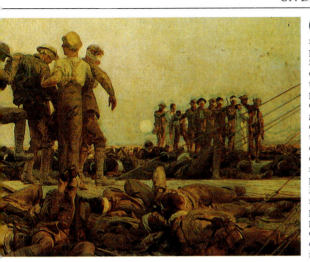

préalable, aucune attaque ne pouvait réussir face à ces armes tirant quatre à six cents coups par minute.

Les gaz asphyxiants, employés par les Allemands à partir de 1915 – et pour la première fois à Ypres au mois d'avril, d'abord sous la forme de bonbonnes ouvertes en fonction des vents dominants, puis sous la forme d'obus asphyxiants –, n'ont occasionné sur le front ouest qu'un faible pourcentage des pertes en raison du perfectionnement rapide des moyens de protection. Là encore, la défensive l'a rapidement emporté sur l'offensive. Il n'empêche que les gaz, par leur aspect totalement nouveau et par la mort également nouvelle qu'ils infligent, sont venus ajouter à la terreur des combattants.

Ces blessés britanniques, rencontrés et peints par John Singer Sargent en août 1918, ont été aveuglés temporairement par du «gaz moutarde», ou ypérite. La généralisation de ce type d'arme parmi tous les belligérants entraîna le développement de masques de plus en plus perfectionnés. Mais le port d'un masque était particulièrement pénible. En empêchant de se parler et même de se reconnaître, il provoquait un anonymat total et portait l'angoisse du combat au paroxysme. Pourtant, au total, les mitrailleuses ont tué et blessé bien plus que les gaz.

Souffrir en enfer

L'expérience de guerre est très difficilement communicable à ceux qui ne l'ont pas vécue. Beaucoup de ses aspects sont du domaine de l'indicible. Les hommes – qu'on appelle affectueusement «poilus» en France car ils renoncent à se raser – vivent alternativement dans la boue et dans la poussière, parmi les rats, rongés par les poux. Les conditions d'hygiène sont atroces. Ils sont soumis au bruit du martèlement des obus, aux odeurs de putréfaction et d'excréments, à la souffrance de blessures comme jamais la guerre n'en avait infligé auparavant. En première ligne, où les unités restent une quinzaine de jours avant de laisser place à la «relève», la fatigue physique et psychologique est extrême, l'expérience de la mort quotidienne : celle des «camarades», la sienne toute proche peut-être.

Le patriotisme défensif

Dans ces conditions, où les soldats ont-ils trouvé la force de tenir? Dans un patriotisme inséparable d'une nette hostilité à l'égard de l'adversaire. L'Allemand est le «Boche» pour les Français ou le «Hun» pour les Anglais, le Français «Franzmann» pour les Allemands, qui considèrent le Russe comme un sous-homme. Même dans les armées multinationales, comme l'armée austro-hongroise, les défections ont été limitées, et les différentes nationalités ont su trouver, au moins jusqu'à fin 1917-début 1918, des motivations défensives à leur combat dans le cadre de l'empire.

Cette affiche anglaise fut utilisée pour favoriser le recrutement des volontaires, avant le passage de la Grande-Bretagne à la conscription en janvier 1916. Le message paraît efficace, mais le public britannique fut choqué par une image trop inspirée des méthodes publicitaires les plus modernes.

Car dans tous les camps, on se défend : on défend le sol de sa patrie, on défend sa «civilisation», on défend sa famille. Ces motivations sont essentielles à comprendre pour tenter de saisir la résistance des armées européennes. Ce sont elles qui expliquent aussi un des phénomènes les plus extraordinaires de la guerre : l'engagement volontaire de deux millions et demi de Britanniques, souvent insérés dans la société, mariés et pères de famille, entre août 1914 et janvier 1916 (dont un million pour la seule année 1914). Même à distance, lorsqu'ils sont sur un front éloigné du sol national, les combattants éprouvent avec force ce patriotisme défensif.

Pour ces soldats canadiens, photographiés près d'Ypres en novembre 1917, il n'y a plus de «positions» ou de «lignes» à tenir : la pluie a transformé les tranchées en un océan de boue, cette boue liquide que tous les soldats ont décrite comme une des pires souffrances de la vie dans les tranchées.

Tenir avec les autres

On tient aussi grâce à la fraternité du groupe avec lequel on se bat, avec lequel on vit et meurt. Un soldat ne peut survivre longtemps dans les tranchées s'il reste coupé de ses camarades. La solidarité entre les membres des «groupes primaires», qui ont constitué le véritable tissu des armées de la Grande Guerre, a joué un rôle essentiel dans la ténacité des combattants de toutes les armées.

Les «loisirs» tentent en outre de rappeler toute une vie sociale antérieure, toute une humanité disparue : journaux de tranchées, matchs de football, spectacles en arrière des lignes, création d'objets... L'écriture, celle de carnets personnels, celle des lettres à destination des siens pour lesquels on se battait, a joué également un rôle capital dans le maintien d'une identité personnelle, en dépit de la déshumanisation des tranchées.

De ce point de vue, l'idée d'une coupure profonde entre soldats et civils est un mythe, ancré dès les années de guerre et encore vivace de nos jours. En fait, les correspondances permettent de savoir à quel point les poilus continuaient à vivre par procuration avec les leurs – les agriculteurs, en particulier, s'intéressant aux récoltes, les pères de famille aux

La lettre fut le lien vital de millions de soldats avec l'«arrière». En période calme, les soldats pouvaient écrire une lettre par personne et par jour. En France, plusieurs millions de lettres en franchise militaire furent expédiées quotidiennement, et plus de dix milliards pour l'ensemble de la guerre.

résultats scolaires de leurs enfants –, à quel point les familles suivaient dans l'angoisse le destin des leurs, blessés, prisonniers, disparus…

La «brutalisation»

Malgré cette humanité conservée en dépit de tout, il est indiscutable que la violence extrême et prolongée de ce type de conflit a amené une «brutalisation» (George Mosse) sans précédent des individus.

La permission était la seule vraie détente à laquelle les soldats avaient droit. Pourtant, dans les cantonnements de repos, des séances de sport, de cinéma, de théâtre (ci-contre) ou de music-hall étaient organisées pour les combattants. Il pouvait s'agir de troupes civiles venues au front, ou de soldats jouant pour leurs camarades. Ces manifestations eurent une importance particulière dans l'armée britannique, où elles entretenaient la «culture» d'une armée issue des villes et habituée à leurs loisirs.

ARTISANAT DE TRANCHÉE

Les soldats n'ont jamais cessé de sculpter, de tailler, de coudre, de dessiner, de peindre. Grâce aux métaux collectés sur le champ de bataille, ils ont réalisé, comme ici, des instruments de musique et des briquets. Ils ont composé des chansons, des poèmes, des prières, tenu des carnets personnels au prix d'une discipline de chaque jour. D'autres ont rédigé ou illustré des journaux de tranchées, apparus dès les débuts de la guerre de position.

Ces hommes, dans la souffrance absolue de la guerre des tranchées, ont donc conservé malgré tout une part de leur humanité. Pourtant, cette créativité combattante dit des choses convenues. Elle n'exprima qu'exceptionnellement la révolte.

Chacun est tour à tour témoin et acteur de violences insoutenables, qui rendent l'individu capable d'une brutalité inouïe, dont il gardera parfois de profondes séquelles. Des prisonniers sont exécutés sur place ; d'autres, civils ou militaires, sont placés comme boucliers humains à portée des tirs de leurs concitoyens. Le très grand nombre de soldats « disparus » exprime cette mort au combat moderne, désincarnée, presque animale : mourir sur le champ de bataille, c'est souvent mourir comme un chien, dans la boue, sans aucun secours, sans aucun soin, dans une solitude et une peur atroces.

Les conditions du combat, au plan technique et psychologique, sont telles qu'on ne peut porter aisément secours aux blessés trop exposés : l'adversaire tire sur les brancardiers. On estime ainsi qu'un tiers des 20 000 tués du 1er juillet 1916, sur la Somme, l'ont été faute de soins prodigués à temps.

Les organisations humanitaires comme le Comité international de la Croix-Rouge ou les différentes Eglises essayèrent bien de limiter la brutalité de guerre, de venir en aide aux soldats, prisonniers ou non, ainsi d'ailleurs qu'aux civils, mais comment faire respecter un minimum d'humanité dans un monde décidé à « se suicider » (Benoît XV) ? Cela explique que toutes les négociations de paix et tous les appels à la paix (notamment celui du pape en août 1917) aient été voués à l'échec.

Les cimetières du front (page de gauche, en Champagne) furent constitués en fonction des besoins. Les tombes sont sommaires : de simples croix de bois, avec le nom du mort, la cocarde, un casque parfois. La présence des cimetières de guerre fut un puissant facteur d'attachement des soldats à une terre sacralisée par les tombes des camarades. Le massacre de masse, même dans ses formes les plus atroces, n'a pu briser le culte des morts.

La guerre est faite d'une multitude d'échanges entre le front et l'arrière : munitions et ravitaillement, propagande et amour, ferveurs religieuses et patriotiques, espoirs et découragements, hommes et femmes, mort et deuil.

CHAPITRE III
LES «FRONTS INTÉRIEURS»

Sur cette affiche d'emprunt, sur ce pot à moutarde, le «Boche» à casque à pointe est mis à genoux par le fier coq gaulois ou caricaturé en cochon. Pour convaincre, pour tenir, tous les arguments, tous les supports sont utilisés : la guerre culturelle est une guerre totale.

Fournir le front

Les gouvernements des pays belligérants instaurèrent une économie de guerre pour fournir le front en armes et ravitailler soldats et populations civiles. Pour la première fois les Etats dirigèrent l'économie, selon des modalités d'ailleurs complexes et variables, propres à chaque pays, l'Allemagne étant la première

Les femmes travaillaient en fait avant le conflit, aussi est-ce plutôt leurs nouvelles spécialisations qui frappent : dans les industries d'armement, elles gagnent le nom de «munitionnettes».

FEMMES À L'USINE

puissance à mettre en place une organisation où les pouvoirs publics et l'armée s'entendirent avec les industriels. Ce dirigisme d'Etat était rendu nécessaire par les besoins en armes et munitions : ainsi, en France, dès 1915, la production s'éleva à 100 000 obus par jour. Pour cela, il fallut non seulement s'assurer des approvisionnements en matières premières mais encore mobiliser toute la main-d'œuvre disponible.

Dans cette usine britannique, on voit bien que l'encadrement reste masculin. Malgré des conditions de travail très dures, les femmes ont recherché ce travail en usine pour vivre ou survivre.

La plupart des hommes en âge de travailler étaient au front. Bien qu'une partie du monde ouvrier – la plus qualifiée – ait été ramenée à la production pour assurer les besoins des économies de guerre, il fallut remplacer la force de travail que représentaient les mobilisés. Dans tous les pays, les femmes, qui, jusque-là, occupaient des tâches secondaires, prirent une place massive dans la production.

Dans les campagnes, les réquisitions de chevaux rendirent les travaux d'autant plus pénibles que les

Le travail des femmes – à la campagne comme à la ville – n'a pas réussi à pallier la pénurie de main-d'œuvre. La France et l'Angleterre ont fait appel à un nombre important de travailleurs venus de leurs colonies.

hommes de la paysannerie avaient été plus largement mobilisés que ceux du monde ouvrier. Comme les femmes ne suffisaient pas, les enfants et les personnes âgées furent largement employés. Dans tous les secteurs, prisonniers et travailleurs coloniaux suppléèrent à l'insuffisance de main-d'œuvre. En ce sens, le terme britannique de « front intérieur » (*home front*) pour désigner des populations civiles mobilisées pour la production de guerre dit parfaitement l'extrême tension des sociétés européennes entre 1914 et 1918.

Ces Indochinois en uniforme sont employés à des travaux agricoles dans la Somme. Dans la même région, des Chinois ont participé aux travaux du génie britannique.

Une tension qui n'exclut pas l'habitude, la résignation, la «banalisation» de la guerre (Jean-Jacques Becker).

Payer la guerre

Il fallait financer la guerre. Tous les Etats empruntèrent à l'intérieur et à l'extérieur, en particulier aux Etats-Unis dans le cas des pays de l'Entente. Malgré le maintien de leur neutralité jusqu'au printemps 1917, les Etats-Unis permirent ainsi largement à la Grande-Bretagne et à la France de financer leur effort de guerre. Les banques centrales multiplièrent néanmoins les émissions de papier-monnaie non convertible en or. Les prix augmentèrent dans des proportions considérables, alors tout à fait inusitées : c'est ce qu'on appelle en France la «vie chère». En fait, la Grande Guerre a donné naissance à l'inflation.

Cette affiche de la Compagnie algérienne invite à soutenir matériellement un tirailleur. Toute sa famille l'accompagne, même son fils traîne un canon-jouet. Dans la réalité, tout ne s'est pas toujours passé aussi idéalement. En Algérie en particulier, des révoltes importantes ont montré le refus de la conscription forcée. En Afrique et en Asie, on a pris conscience du décalage entre les «belles paroles» des métropoles et le sort réservé aux indigènes.

Quels que soient les expédients et l'efficacité indiscutable des mobilisations économiques et sociales, les populations ont souffert chaque année davantage des réquisitions, des pénuries, des rationnements de toutes sortes. Dès 1916, la situation devint dramatique au sein des Puissances centrales. L'Allemagne et l'Autriche-Hongrie étaient étranglées par le blocus naval anglais, mais leurs difficultés provenaient également d'une mauvaise organisation du marché intérieur. En Allemagne, le rôle dirigeant de l'état-major dans l'économie de guerre conduisit à déséquilibrer la répartition des ressources au profit du front, entraînant une désorganisation complète d'un marché intérieur par ailleurs trop morcelé. En Autriche, le manque de solidarité de la Hongrie agricole avec les autres composantes de l'empire a contribué à affamer les populations de la Double Monarchie. A partir de 1917, il arriva qu'on puisse mourir de faim

dans certaines villes allemandes et autrichiennes. L'hiver 1916-1917 fut atroce en Allemagne en raison de l'effondrement de la récolte de pommes de terre, base de l'alimentation populaire. Au total, on estime à un million de personnes la surmortalité survenue de 1914 à 1918 dans la population civile allemande du fait des restrictions alimentaires.

Certes, les ouvriers de tous les pays belligérants ont connu de sensibles augmentations de salaires, notamment dans les usines d'armement et il est vrai

Ces affiches d'emprunt russe (ci-dessus) et allemand (page de droite) montrent un front déterminé que toute la société se doit de soutenir jusqu'à la victoire. Mais c'est au prix de privations qui sont d'abord supportées par l'arrière. C'est particulièrement vrai pour les Puissances centrales dont les populations souffrent cruellement du blocus qui entrave des importations vitales pour l'alimentation. C'est pour des épluchures de pommes de terre, encore préférées aux navets après la désastreuse récolte de 1916-1917, que ces ménagères de Berlin font la queue. Les femmes ont souvent manifesté contre le rationnement jugé injuste et mal organisé par les autorités de l'Etat, perçu comme responsable de la disette.

qu'en Grande-Bretagne, par exemple, le niveau de vie des classes populaires s'est amélioré grâce à la disparition du chômage et à l'accès à des travaux plus spécialisés et mieux payés de couches non qualifiées de la population ouvrière. C'est un des paradoxes de la Grande Guerre que de voir l'espérance de vie du monde ouvrier britannique s'élever entre 1914 et 1918.

Mais dans les autres pays et dans les secteurs moins favorisés que ceux de l'armement, les améliorations financières ont été vite rognées par l'inflation. Partout, en outre, l'effort de guerre a reposé sur l'extrême fatigue physique et psychologique du «front intérieur» : hommes, femmes, et parfois enfants, ont travaillé souvent jusqu'à soixante-dix heures par semaine.

Mobiliser les esprits

L'idée que les populations ont supporté la guerre en raison de l'endoctrinement par la propagande est une déformation rétrospective liée à l'expérience des totalitarismes du XXe siècle. Concernant le premier conflit mondial, c'est une vue largement anachronique. Cela n'empêche pas la mobilisation des esprits de passer par une propagande complexe. Elle est «bourrage de crâne», comme l'ont appelée les soldats français – ou *eyewashing* les combattants britanniques –, quand elle nie les réalités meurtrières du front et prétend héroïser les combattants au prix d'une rhétorique guerrière clinquante, artificielle, perçue comme insupportable par ceux qui connaissent les réalités du no man's land. Pour autant, sans doute ne faut-il pas

Ces cartes de rationnement française, italienne, anglaise montrent que tous les pays belligérants ont souffert de certains manques et ont dû organiser légalement la pénurie. Mais la situation n'a été vraiment catastrophique que pour les habitants des Puissances centrales qui ont connu la disette dès l'hiver 1915. L'une des clés de la victoire des Alliés est qu'ils ont pu continuer à fournir le front sans pour autant affamer leurs populations, grâce en particulier à l'importance de leurs colonies et à la maîtrise des mers.

BOURRAGE DE CRÂNE 59

« MON BRAVE PETIT ! »
Une mère française au chevet de son enfant héroïque : beaucoup d'amour et un p[...]

La visite des hôpitaux par les marraines de guerre et les bourgeoises converties en «dames des bonnes œuvres» est bien typique de l'ambiguïté des rapports entre le front et l'arrière. Si les soldats haïssent ceux qui vantent la «belle blessure» depuis le clavier de leur machine à écrire, ils apprécient la compassion et le confort apportés par les visites.

Ces assiettes patriotiques n'étaient pas destinées à être utilisées dans la vie courante : c'étaient des objets de collection, fabriqués et achetés massivement. Ce qui prouve qu'ils exprimaient eux aussi, à leur manière le consentement à la guerre.

s'exagérer le rôle des propagandes : la censure, la surveillance des correspondances permettent surtout de connaître l'état des opinions publiques, moins de les orienter ou de les diriger.

Les opinions disposent d'ailleurs très tôt d'une contre-information efficace. Très vite, la mort des proches, des amis, les récits des permissionnaires, les lettres, et même des romans,

— Maman, achète-moi le Boche... pour le casser.

Dessin de Abel Faivre

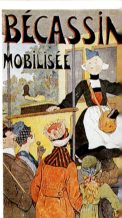

Les jouets et les lectures de tous les enfants sont particulièrement «bellicisés». Entre poupées alsaciennes à aimer et «Boches» à haïr, les petits Français se mobilisent, tout comme leurs héros favoris, Bécassine ou les Pieds-Nickelés.

comme *Le Feu* d'Henri Barbusse – prix Goncourt 1916 qui connut un immense succès –, ou encore des films d'actualité – *La Bataille de la Somme* fut regardé par 21 millions de spectateurs en Grande-Bretagne à l'automne 1916 – ont fait connaître à l'arrière, sinon la «réalité» du front, du moins une partie de celle-ci. En fait, la propagande officielle n'a pu encadrer efficacement l'opinion que dans la mesure où elle a su s'appuyer sur le patriotisme profond de celle-ci.

Les intellectuels et les artistes jouent toutefois un rôle clé dans la production d'images, de discours, mobilisateurs. C'est tout particulièrement le cas en France où les intellectuels avaient été projetés au premier plan par l'affaire Dreyfus, et qui, à quelques exceptions près comme Romain Rolland, se «mobilisent» volontairement, qu'ils soient de gauche ou de droite. Maurice Barrès incarne parfaitement ce «ministère de la parole» par son immense production d'articles entre 1914 et 1918. Au-delà des sarcasmes dont il sera accablé pendant et surtout après la guerre, il n'en est pas moins un des grands capteurs des émotions, des attentes, de la sensibilité des Français du temps de guerre.

Les supports de la propagande

La propagande passa par les affiches, les cartes postales, les livres, les journaux, le théâtre ou le cinéma d'actualité – qui prend véritablement son essor à partir de 1915 –, par les Eglises, par l'école enfin. Les enfants, même très jeunes, ont souvent constitué une de ses cibles privilégiées : les jouets, les jeux, les livres et les magazines illustrés, les enseignements scolaires ont pris le conflit comme «centre d'intérêt» et se sont appliqués à intégrer les enfants dans l'univers de guerre, à les faire activement participer aux enjeux de la grande lutte à laquelle s'adonnait le monde adulte.

La propagande a largement héroïsé les humbles, mais aussi les grands : les chefs militaires et les dirigeants politiques (en France, Joffre, Pétain, Foch ou Clemenceau; en Allemagne, Ludendorff, Hindenburg et la famille impériale; en Grande-Bretagne, Kitchener, Haig et George V) ont fait l'objet d'un véritable culte. Une immense production commerciale de guerre, qui peut apparaître comme particulièrement triviale après coup, a utilisé le conflit comme une publicité permanente. Le fait que ces objets ont été produits à une échelle industrielle (la vaisselle patriotique par exemple), et surtout achetés massivement, prouve que l'ensemble des sociétés européennes adhéra aux enjeux de cette guerre tels qu'ils furent perçus par les contemporains.

Aucun aspect de la guerre n'échappe à la banalisation par des objets utilitaires ou décoratifs. Ici, le français «petit-nègre» des tirailleurs sénégalais est moqué, mais le racisme que l'on y lit aujourd'hui est en partie anachronique. On oscille entre paternalisme et admiration pour le patriotisme et l'exotisme de ces soldats venus d'Afrique. Banania ne s'y trompe pas, qui crée sa célèbre affiche «Y'a bon Banania» en 1915 pour vendre son chocolat grâce au capital de sympathie que se sont acquis les tirailleurs.

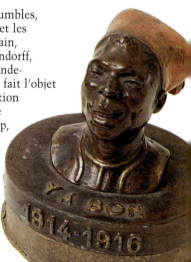

JEUX ET JOUETS

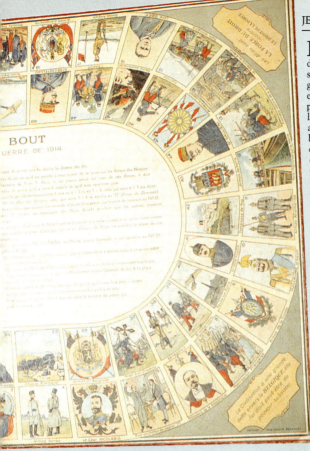

Peu à peu, les objets les plus quotidiens de tous les belligérants sont envahis par la guerre. Les généraux et les armes ont particulièrement la faveur du public, adulte ou enfant. Les boules «Hindenbourg», qui rappellent la coutume alors encore peu suivie en France et très populaire en Allemagne de l'arbre de Noël, voisinent avec une crécelle en forme d'obus décorée de la Croix de fer. Les Français peuvent, en écho, jouer au «jeu de l'oie des Alliés» ou aux cartes «La Madelon». Vaisselle, couverts, crayons, savons, objets décoratifs ou utilitaires forment le fond d'un petit commerce de guerre, immensément populaire parce qu'il donne à l'arrière l'impression qu'il rejoint l'avant, qu'il participe au combat lui aussi.

La «propagande» fut moins un processus vertical d'endoctrinement des sociétés belligérantes par les cercles dirigeants qu'un processus horizontal, décentralisé, et relativement spontané d'automobilisation des «fronts intérieurs».

Le consentement et les ferveurs

A l'arrière aussi, on découvrit très vite que «guerre» veut dire «mort». Les habits de deuil devinrent omniprésents. Dans les pays européens de tradition chrétienne, on cherche une consolation dans l'espoir de la résurrection. Les catholiques multiplient les dévotions auprès des saints protecteurs et de la Vierge, qui a donné l'exemple de la souffrance extrême.

Imitation du Christ, imitation de la Vierge, imitation de la patrie. La foi en sa patrie, en la victoire de sa patrie, se mêle à des ferveurs diverses. En France, le sens du sacrifice pour la cause unit républicains libres penseurs, catholiques, protestants, juifs. Pendant toute la guerre, la société française a été largement traversée d'espérances de type religieux, sinon mystique : «Dieu est de notre côté.» Croire

Cet autel portatif qu'un soldat catholique américain a emporté avec lui en 1917 résume ses ferveurs de guerre : le Christ, la Vierge, le Sacré-Cœur. Les pétales de rose séchés sont probablement à la fois le symbole de la «pluie de roses» que sœur Thérèse de Lisieux avait promise et un lien avec ses proches, son jardin, sa terre. Thérèse, ainsi que Jeanne d'Arc pour les soldats français, deviennent si populaires pendant la guerre qu'elles lui doivent en partie leur canonisation ultérieure.

LA FRANCE LE SOLDAT DU CHRIST

en Dieu et croire en sa patrie est bien souvent indissociable : le *Gott mit uns* des Allemands l'atteste également. Cela ne signifie pas que tous les contemporains aient été croyants et encore moins pratiquants. Mais il est évident que les valeurs morales – le «bien» contre le «mal» – et le vocabulaire de la spiritualité – «mystique» du «sacrifice» au combat et du sang versé, union «sacrée» – ont nourri les représentations d'hommes et de femmes persuadés qu'ils participaient à une véritable croisade. Une croisade pour une humanité meilleure, régénérée, plus juste, plus fraternelle. Pour une humanité débarrassée du fléau de la guerre, et de manière définitive.

La guerre civilisatrice

La Grande Guerre fut d'abord une guerre des patries, mais elle fut plus que cela : elle fut perçue et vécue comme une guerre morale, une guerre de la morale pour une civilisation meilleure. C'est de cette humanité plus haute que les patries se prétendaient porteuses.

Les soldats chrétiens se sont engagés dans une croisade patriotique dont ils sont les nouveaux preux. Les crucifix bricolés au front ou à l'arrière dans des éclats d'obus ou des balles qui représentent le bois de la croix disent bien cette certitude de vivre une Passion, dans l'imitation du Christ. Chacun est persuadé qu'il vit la «geste de Dieu» pour son propre camp.

Mon Dieu protège les défenseurs de la Civilisation

Cette carte postale est tout à fait typique de la propagande patriotico-religieuse française : Dieu ne peut que se placer du côté des «défenseurs de la civilisation» chrétienne. Les combattants représentés sont des cavaliers, donc des chevaliers. Comme eux, la religieuse a fait don de sa personne au Christ, qui, placé au centre de l'image, fait le lien entre le front/le ciel, et l'arrière/la terre. La religieuse prie – son chapelet est bien visible – mais est aussi engagée concrètement aux côtés des combattants comme le montre son brassard de la Croix-Rouge. L'infirmière, souvent, est amenée à jouer le rôle de la Vierge à la descente de croix : pleurer et espérer. Prières et médailles accompagnent les soldats, comme ce Sacré-Cœur attaché à une plaque d'identité.

Dans ces conditions, la guerre exigeait tous les sacrifices, la victoire de l'ennemi, du barbare, signifiant bien plus que l'abaissement de sa propre patrie mais bien la ruine de toute la civilisation. Et ce n'était pas là seulement vision d'intellectuels : on retrouve, sous une forme simplifiée, de tels thèmes, de telles espérances, dans les correspondances des plus humbles soldats.

La «culture de guerre» de 1914-1918 fut imprégnée de grandes attentes de type millénariste. Le drame caché de la Grande Guerre ne tient pas dans les contraintes – bien réelles au demeurant – infligées aux sociétés belligérantes, au front comme à l'arrière : il a trait bien davantage à ce qu'il faut bien appeler leur consentement.

A cet égard, la France paraît avoir été particulièrement sensible à ce climat de grandes attentes : l'invasion de son territoire, sa tradition catholique de Fille Aînée de l'Eglise associée au mythe républicain de la patrie des Droits de l'Homme-phare de l'Humanité, le rôle joué par les intellectuels dans la « culture de guerre » enfin, sont autant d'éléments qui ont permis à ces attentes de trouver un terreau particulièrement fertile dans la « Grande Nation » qui croit renouer avec les victoires révolutionnaires de l'an II. En fait, ne lance-t-elle pas alors, en quelque sorte, son chant du cygne ?

Ces attentes, répandues sous des formes légèrement différentes dans toutes les sociétés belligérantes, puis déçues par l'après-guerre, les totalitarismes du XXe siècle – communisme et fascismes – les récupéreront facilement, tout en les adaptant : voilà qui explique pour une part leur immense force d'attraction sur des secteurs entiers de sociétés européennes durablement traumatisées par leurs quatre années de vaine croisade.

Les images laïques sont composées comme des images pieuses, prouvant la confusion des sentiments dans un unique but patriotique. Ici, les héros de l'histoire militaire de la France, à commencer par Napoléon, observent la charge de cavaliers qui semblent sortis des champs de bataille du XIXe siècle. On n'est encore qu'en 1914, la guerre imaginée pour « le Droit et la Civilisation » ne peut être que celle du passé héroïque. Et pourtant, la Marianne très révolutionnaire qui brandit le drapeau tricolore, poitrine nue et bonnet phrygien en tête, n'est pas la sage incarnation d'une Troisième République repliée sur un passé révolu. Au contraire, elle semble surgir de la modernité aérienne d'un aéroplane.

«Il y a des croix partout de-ci de-là /
Il y a des Hindous qui regardent avec
étonnement les campagnes occidentales /
Ils pensent avec mélancolie à ceux dont
ils se demandent s'ils les reverront /
Car on a poussé très loin pendant
cette guerre l'art de l'invisibilité.»

Guillaume Apollinaire, 1915

CHAPITRE IV
GUERRE MONDIALE, GUERRE TOTALE

Alors que l'on magnifie le combat des troupes venues «des confins du monde pour défendre la civilisation» (M. Hughes, Premier ministre australien), les populations civiles se retrouvent aussi en première ligne (page de gauche, une fillette extraite des décombres de sa maison).

Invasions, atrocités

Lors des offensives de 1914, des millions de civils, en Belgique, en France du Nord et de l'Est, en Prusse-Orientale, en Russie, en Serbie, ont fui devant les armées d'invasion. Les atrocités commises alors partout, en particulier les viols des femmes, les massacres d'otages, les destructions de villages, les pillages, ont été longtemps perçues comme des exagérations de la propagande, voire des inventions pures et simples. Il est vrai que l'incendie

En montrant un civil attaché au pilori par des Allemands sous le regard horrifié de ses proches, cette lithographie de Bénito veut prouver que l'ennemi est bien l'incarnation collective du Mal. La dénonciation de l'Allemagne sans conscience et sans culture aura une

de la bibliothèque de Louvain ou le bombardement de la cathédrale de Reims par les Allemands ont été exploités par les Alliés à des fins de propagande et, à ce titre, connus du monde entier. Il n'empêche : la recherche historique la plus récente a montré sans aucun doute possible que les «atrocités» ont bien eu lieu. Si elles n'ont pas été commises avec l'ampleur et pour les raisons énoncées alors par la propagande, il est hors de doute que toutes les armées d'invasion s'en sont rendues coupables en grand nombre : Russes en Prusse orientale et en Galicie

grande importance dans la mobilisation haineuse qui réunit contre elle les populations des Alliés. Les «vraies» atrocités du début de la guerre compteront pourtant moins que certains mythes entretenus par la propagande, comme celui des mains coupées aux enfants.

Les civils sont les premiers à expérimenter les horreurs de l'invasion, dès août 1914. Terrorisés par l'avance allemande ou par les récits qui en sont faits, beaucoup choisissent de fuir. Ces femmes belges (ci-dessous) connaissent leur premier exode du siècle. Bien plus tragique, l'exode forcé des Arméniens, en 1915, se termine par la mort d'un Arménien sur deux, environ. Par haine ethnique et religieuse, on déporte des communautés entières, à pied, vers des régions situées à des centaines de kilomètres. Les conditions climatiques de la Turquie expliquent aussi le grand nombre de morts. Tous ceux qui n'avançaient pas assez vite au gré de leurs bourreaux étaient systématiquement massacrés (la photo de cette fosse commune révèle la maigreur des victimes).

autrichienne, Allemands en Russie, en Belgique, dans le nord de la France, Autrichiens en Serbie.

Ces atrocités s'expliquent par la peur et l'inexpérience des armées du début de la guerre, par le climat de suspicion à l'égard des populations envahies, par les terreurs liées aux rumeurs sur les francs-tireurs (souvenir de ces civils qui avaient participé à la guerre de 1870) et de massacres des blessés par les civils. Plus en profondeur, elles tiennent surtout au sentiment de supériorité ethnique de ceux qui envahissent. Un des moteurs les plus puissants de l'activité guerrière en Europe au XXe siècle – la haine ethnique – est bien en marche dès l'été 1914.

Dans l'instant, ces atrocités, d'autant mieux connues dans le détail que des commissions d'enquête officielles les ont révélées massivement fin 1914-début 1915 aux populations des différents pays en guerre, ont fait beaucoup pour légitimer durablement le combat défensif mené par chaque belligérant et pour accréditer l'idée de la barbarie adverse, et donc

d'une régression de civilisation en cas de défaite devant l'ennemi.

C'est dans l'Empire ottoman que les atrocités contre les civils ont pris le tour le plus tragique. Les Turcs musulmans, qui reprochaient aux Arméniens chrétiens de comploter avec la Russie, les déportèrent et les massacrèrent en 1915. Au moins un million d'Arméniens, hommes, femmes et enfants, périrent sous le regard des observateurs de l'armée allemande, alliée des Turcs, dans ce qui constitue le premier génocide du XXe siècle. Le massacre des Arméniens peut figurer comme le drame d'un siècle annoncé.

Occupations

Aux atrocités plus généralement commises lors des invasions ont succédé les occupations. Celles-ci furent extrêmement dures. Les habitants de la plus grande partie de la Belgique et de dix départements français vécurent dès 1914 sous le régime de l'occupation allemande. Malgré le paiement d'indemnités d'occupation colossales, les produits industriels et agricoles furent réquisitionnés. Les usines ne tournèrent plus que pour l'Allemagne, les jeunes gens et les vieillards furent contraints au travail forcé (les «brassards rouges» du nord de la France). Dans les villes, on souffrit de la faim, du froid, du manque de nouvelles du front. Les amendes pleuvaient, et avec elles les brimades, les prises d'otages, les déportations d'hommes et de femmes dans des camps où les conditions de vie étaient très difficiles. Les quelques tentatives de résistance furent déjouées, leurs auteurs fusillés ou déportés. L'image du soldat allemand a cependant varié selon les zones d'occupation. Dans certaines régions rurales, la haine a laissé place à une cohabitation plus aisée. Même une occupation militaire, si pénible soit-elle, pouvait

Une des singularités de la guerre a été la déportation de civils vers des camps de concentration. Ces femmes, originaires des Ardennes occupées, ont été envoyées comme otages à Holzminden, en Prusse orientale. Le manque d'organisation, lié à la volonté de mener une guerre totale contre la France, explique que prisonniers militaires et civils, adultes et enfants aient été mêlés dans ce camp. Si les prisonniers militaires bénéficiaient de la protection de la Convention de Genève, ce n'était pas le cas des civils.

Devant le blocage militaire sur le front occidental, les Alliés réfléchissent dès 1915 à l'ouverture de fronts secondaires, dont ceux de la Méditerranée, en particulier celui des importants détroits des Dardanelles qui permettent aux flottes française et anglaise de rester en contact par la mer Noire avec leur allié russe.

se banaliser. La Grande Guerre fut, à bien des égards, le laboratoire des horreurs du XXe siècle.

L'élargissement du conflit

Les Alliés bloqués à l'ouest tentèrent de porter la guerre sur le flanc des Puissances centrales. En mai 1915, l'Italie, initialement très hésitante, abandonna la Triplice et entra en guerre du côté de l'Entente. C'est toutefois le seul pays européen dont on soit sûr qu'une majorité de la population, en dépit des manifestations bruyantes du camp «interventionniste», restait «neutraliste» et refusait la guerre. Le conflit ne deviendra clairement patriotique aux yeux de la société et de l'armée italiennes qu'à l'issue de la défaite de Caporetto en octobre 1917 et de l'abandon d'une importante fraction du territoire national. Alors seulement, les réflexes défensifs jouèrent contre l'ennemi héréditaire autrichien.

Dès novembre 1914, l'Empire ottoman s'était engagé du côté des Puissances centrales.

Après un premier échec de déblocage naval des Dardanelles, le plan de débarquement terrestre voulu par Churchill est mis en œuvre. Cette expédition réunit le 25 avril 1915 Français et Britanniques, dont les troupes étaient formées en particulier des bataillons de l'ANZAC (Australian New Zealand Army Corps). La supériorité topographique des Turcs bien retranchés au sommet des falaises permet de bloquer les assaillants à proximité des plages où ils ont débarqué : les lignes de défense ne peuvent être brisées par les assauts de l'infanterie. Après neuf mois épouvantables, on décide l'évacuation. Et pourtant, cette défaite-baptême du feu est vécue comme le moment de leur naissance par les deux jeunes nations des antipodes. Une débâcle a été sublimée et recomposée pour devenir le triomphe national de la ténacité et de la loyauté. La plage d'Anzac Cove, photographiée ici, est devenue un important lieu de mémoire. C'est à l'aube, heure du débarquement, que l'on commémore chaque année, le 25 avril, la Grande Guerre en Nouvelle-Zélande et en Australie.

La grande puissance navale qu'était l'Angleterre tenta de s'emparer des détroits des Dardanelles tenus par les Ottomans, afin de porter assistance aux Russes par la mer Noire. La campagne des Dardanelles, menée initialement sur le plan naval, puis sur le plan terrestre à partir du débarquement de troupes sur la presqu'île de Gallipoli en avril 1915, était une idée stratégiquement intéressante compte tenu du blocage total du front ouest. Elle se révéla pourtant un désastre sanglant, prolongé pendant toute l'année 1915. Les conditions tactiques qui donnaient l'avantage à la défense produisirent à Gallipoli les mêmes effets que sur les autres fronts, et d'autant plus facilement que le relief des côtes, la détermination défensive des troupes turques, la précarité de la situation des assaillants, installés sur les plages dans des conditions sanitaires épouvantables, vouaient à l'échec toute action offensive.

L'armée d'Orient

Avec les troupes qui avaient évacué la presqu'île de Gallipoli à la charnière des années 1915 et 1916, on forma l'«armée d'Orient». Celle-ci ouvrit un nouveau front autour du camp retranché de Salonique, afin de porter secours – mais sans succès – à la Serbie alors aux prises avec l'Autriche-Hongrie. Plus tard, l'armée d'Orient tentera de soutenir la Roumanie contre la Bulgarie et ses alliés des Puissances centrales, sans plus de réussite – l'année 1916 avait vu en effet l'entrée en ligne de nouveaux protagonistes : Portugal en mars et Roumanie en août du côté des Alliés, Bulgarie en octobre dans le camp opposé ; la Grèce ne suivit qu'en juillet 1917 en entrant en guerre aux côtés de la France et de la Grande-Bretagne. L'armée d'Orient, qui tenait à la fin de la guerre, avec ses alliés britanniques, italiens, serbes et grecs, un front de montagnes de plusieurs centaines de kilomètres depuis l'Albanie jusqu'à la Grèce, dut vivre, un peu oubliée, dans des conditions sanitaires et alimentaires très difficiles. Sans avions, sans voies ferrées et sans voies de communications

Bon exemple de la mondialisation militaire et culturelle du conflit, l'affiche de Steinlen en 1916 (ci-dessus) rappelle l'engagement des Français auprès des Serbes, et ce depuis l'étincelle du conflit à Sarajevo. Le slogan, «Sauvez la Serbie, notre alliée», invite à verser des dons au Comité américain de secours : les Etats-Unis ne sont pas encore en guerre mais les différents groupes favorables à l'intervention militent, en particulier, contre les atrocités commises par les Puissances centrales contre les civils. A la fin de 1915, à l'issue de la défaite de la Serbie, les bribes de l'armée serbe ont reflué vers la Grèce.

praticables, ce front, beaucoup plus lâche que les autres, où la cavalerie et les coups de main individuels jouaient encore un rôle déterminant à la fin de la guerre, resta jusqu'au bout un des plus archaïques de tous les théâtres d'opérations. L'offensive alliée de septembre 1918 y obtint pourtant en deux semaines des résultats spectaculaires contre la Bulgarie (armistice du 30 septembre).

La population de Salonique accueille triomphalement les poilus de l'armée d'Orient, placés sous le commandement du général Sarrail, qui viennent tenter de prendre les Puissances centrales à revers après l'échec des Dardanelles.

L'appel aux empires

Les colonies françaises et anglaises, et surtout les dominions de l'Empire britannique, fournirent aux deux grandes puissances coloniales alliées des renforts militaires importants : les colonies françaises apportèrent 600 000 combattants, le Canada 600 000 également, l'Australie 400 000, la Nouvelle-Zélande et l'Afrique du Sud 100 000 chacune. Les soldats des dominions tinrent souvent le rôle de troupes d'assaut, en raison de capacités d'initiative au combat supérieures à celles de troupes britanniques entravées par des relations hiérarchiques plus rigides.

Les tirailleurs nord-africains et sénégalais constituèrent également des troupes de choc. Leur couleur de peau fournit accessoirement un bon argument de propagande aux Allemands pour dénoncer la prétention des Alliés à incarner le camp de la civilisation. En revanche, les troupes coloniales françaises tenaient difficilement les tranchées de manière prolongée, notamment en hiver. Le commandement les exposa donc moins qu'il n'était prévu initialement. Contrairement à une idée reçue, celles-ci subirent ainsi un pourcentage de pertes inférieur à celui des forces métropolitaines.

De surcroît, les empires fournirent aux Alliés des ressources économiques et financières, un renfort en main-d'œuvre à l'arrière (200 000 travailleurs civils

La «Force Noire» constitue une «deuxième ligne de défense» (colonel Mangin), même si ce n'est qu'avec 4 % des effectifs combattants. En contradiction avec le mythe de la «chair à canon», les tirailleurs sénégalais subissent un pourcentage de pertes un peu inférieur à celui des forces françaises. Les Allemands, qui ne sont pas en mesure de mobiliser des troupes coloniales en Europe, considèrent que les soldats africains sont la preuve de la barbarie adverse, en réponse aux accusations d'atrocités de la part des Alliés (d'où cette caricature du «5e bataillon de gorilles de remplacement», page de droite).

dans le cas français), mais aussi au front pour les tâches réservées au génie. Si l'Europe afficha un racisme ambigu à l'égard de ceux qui venaient soutenir la «civilisation», les colonisés prirent aussi conscience de leur identité et de leurs différences et sauront les affirmer par la suite. Parmi les indigènes venus au secours de la «mère patrie» – non sans que certaines révoltes ne montrent les limites de la conscription forcée –, d'aucuns exigeront bientôt une reconnaissance de citoyens au nom des sacrifices consentis.

Par les empires, par les mers et les océans, la guerre s'est donc étendue très vite au monde entier, notamment en Afrique et au Proche-Orient, et jusqu'en Asie – le Japon est entré en guerre contre l'Allemagne dès 1914 et la Chine en août 1917 –, pour le plus grand profit des puissances de l'Entente. L'Allemagne, elle, se vit coupée de ses rares colonies africaines, Cameroun et Togo, dont les Alliés s'assurèrent par ailleurs – et parfois non sans

Les Annamites (ci-dessus) ont été plus souvent employés dans le génie que comme combattants.

mal – le contrôle. On comprend que la puissance navale anglaise fût devenue ainsi la cible privilégiée de l'Allemagne.

Blocus et guerre sous-marine

La seule grande bataille navale de la guerre, celle du Jutland, en 1916, n'a guère eu de conséquences militaires. En revanche, la décision de l'Allemagne, en voie d'asphyxie économique dès 1916, de tenter, grâce à la guerre sous-marine « à outrance », de briser le blocus de ses ports, est un tournant important de la guerre. Malgré son échec stratégique, la bataille de la Somme a joué de ce point de vue un rôle capital, en persuadant l'état-major allemand des immenses progrès de la puissance de feu de leurs adversaires et de la nécessité de gagner la guerre sur le plan économique par tous les moyens.

Lancée début 1917, la guerre sous-marine à outrance obtint des résultats spectaculaires. L'Allemagne, qui parvint initialement à couler plus de 600 000 tonnes de navires par mois, espéra que l'Angleterre, asphyxiée, arrêterait la guerre. Mais le système des convois escortés par des navires de guerre parvint à limiter les pertes. En outre, l'atteinte allemande à la liberté des mers, associée aux menaces que l'Allemagne faisait peser sur les Etats-Unis à partir du Mexique, poussa le président Wilson à abandonner la neutralité le 2 avril 1917 et à ranger l'Amérique parmi les puissances belligérantes, « associée » à la France et à l'Angleterre – et non « alliée », ce qui permet aux Américains de s'engager sur leurs objectifs propres et de ne pas reconnaître les arrangements diplomatiques entre puissances européennes.

Quand l'Allemagne déclare la guerre sous-marine à outrance en janvier 1917, elle arrive à faire sortir 70 de ses 154 U-Boote à la fois. Entre janvier et avril 1917, ils coulent des dizaines de navires, paralysent les ports, mettant en péril l'effort de guerre britannique. La mise en place de convois de navires marchands protégés par la flotte de guerre va réussir à briser cette offensive. Sa conséquence à long terme, l'entrée en guerre des Etats-Unis, est lourde de conséquences pour l'Allemagne.

BATAILLES NAVALES

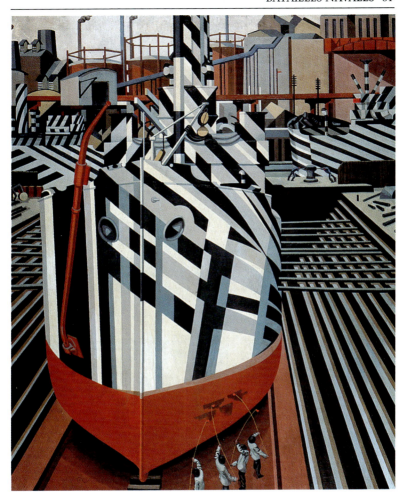

C'était un nouveau pas dans la mondialisation du conflit : à la suite des Etats-Unis, plusieurs pays d'Amérique latine entrèrent à leur tour dans la guerre en 1918. C'était aussi une nouvelle étape dans cette croisade de la Grande Guerre à laquelle les Etats-Unis apportaient leur messianisme propre. A ce titre, leur entrée dans le conflit peut figurer comme une des dates les plus importantes du XXe siècle.

Les procédés picturaux des avant-gardistes (ci-dessus, peinture de l'Anglais Wadsworth) permettent un nouveau camouflage naval, destiné à gêner les torpillages.

Pour l'Allemagne comme pour les Alliés, 1917 est l'année d'une course de vitesse entre la dissolution de l'armée russe, qui soulage l'Allemagne de la lutte sur deux fronts, et l'apport américain, d'ordre essentiellement démographique. Il s'en est fallu de peu que l'effondrement du front est ne donne la victoire aux Puissances centrales, sinon dès 1917, du moins au début de l'année 1918.

CHAPITRE V
1917, L'ANNÉE TERRIBLE

Les désertions, devenues un phénomène de masse à partir de la révolution de février-mars, ont joué un rôle clé dans la dissolution de l'armée russe en 1917. Un soldat resté «loyaliste» tente ici d'arrêter à coups de crosse deux déserteurs : une telle scène préfigure à certains égards la guerre civile de 1918-1920, au cours de laquelle «Rouges» et «Blancs» s'affrontèrent impitoyablement.

Les Etats-Unis dans la Guerre

A partir d'avril 1917, les Etats-Unis, déjà impliqués dans le conflit par leurs fournitures et leurs prêts aux puissances de l'Entente, se battent donc aux côtés de celles-ci au nom de la liberté du monde et d'une conception de la Civilisation et de l'Humanité.

Un bataillon américain fut envoyé à Paris pour défiler dès le 4 juillet 1917, anniversaire de la déclaration d'Indépendance et fête nationale américaine.

LES AMÉRICAINS DANS LES TRANCHÉES

À la veille de l'entrée en guerre des Etats-Unis, et malgré la présence d'une forte minorité d'origine allemande, l'opinion américaine était plutôt favorable aux Alliés, et notamment à la cause de la France. Les propagandes française et britannique s'étaient montrées efficaces, en particulier dans la dénonciation des atrocités allemandes. On retrouve d'ailleurs dans la propagande américaine de guerre la même thématique antigermanique qu'en Europe, comme le montre cette affiche d'emprunt. Pour autant, ceci ne signifie pas que l'opinion américaine ait été prête à s'engager massivement dans l'armée après l'entrée en guerre des Etats-Unis. Contrairement à ce que montre ce grand meeting de recrutement tenu à New York, les chiffres d'enrôlement ont été décevants : 4 355 dans les dix jours suivant la déclaration de guerre, alors que l'état-major voulait plus de 700 000 hommes. C'est finalement grâce à une armée de conscription, contraire à la tradition militaire américaine, que les Etats-Unis purent peser de tout leur poids sur l'issue de la guerre.

L'apport américain à partir de 1917 est d'abord d'ordre démographique : 1 800 000 soldats américains vont rejoindre progressivement les quelques volontaires présents depuis le début du conflit. Le matériel et l'armement, de même que les instructeurs pour préparer les troupes à la guerre de tranchées, ont surtout été fournis par la France et l'Angleterre. L'organisation d'un tel corps expéditionnaire dans un pays sans tradition militaire ne fut pas aisée. L'impact de cette alliance ne sera décisif qu'à partir de l'été 1918, date à laquelle la présence des soldats américains en Europe constitua un appoint décisif à un moment où l'armée française, exsangue, connaissait une très grave crise des effectifs.

Les révolutions russes et l'écroulement du front est

Mais avant cette date, les Alliés traversèrent en 1917 les mois les plus difficiles de la guerre. La double révolution qui secoua la Russie en février et en octobre et l'écroulement du front est constituèrent à cet égard le coup le plus rude. Après la révolution de février, le gouvernement provisoire russe avait décidé de continuer la guerre au nom des engagements pris auprès des puissances de l'Entente mais il n'avait guère été suivi par la population et les soldats au front. Ces derniers, malgré une infériorité technologique manifeste et des défaites écrasantes depuis 1914 face aux troupes allemandes, s'étaient encore battus avec beaucoup de résolution l'année précédente contre les Austro-Hongrois (offensive Broussilov de juin-juillet 1916). Mais les pertes énormes (1 700 000 hommes depuis 1914!) et la désorganisation de l'économie de guerre provoquant

au front une pénurie généralisée, enclenchèrent dans l'armée russe un processus de dissolution complète. Les soldats, n'aspirant plus qu'à la paix, n'obéissent plus à leurs officiers, fraternisent avec l'ennemi, désertent en masse. C'est la seule armée européenne qui ait connu un tel mouvement spontané de retrait de la guerre, à travers la disparition totale des motivations défensives initiales.

Après la signature de l'armistice de Brest-Litovsk (ci-contre), les bolcheviks font traîner les négociations en longueur, dans l'espoir d'une révolution mondiale. Le 10 février 1918, Trotsky affirme même que la Russie se retire unilatéralement de la guerre, à la stupéfaction des Allemands. Si bien que le 18 février, ces derniers reprennent l'offensive, jetant la panique dans le comité central du parti bolchevique, profondément divisé. Ce sont des militants de second rang qui, finalement, signeront la paix le 3 mars.

LA DÉBÂCLE RUSSE

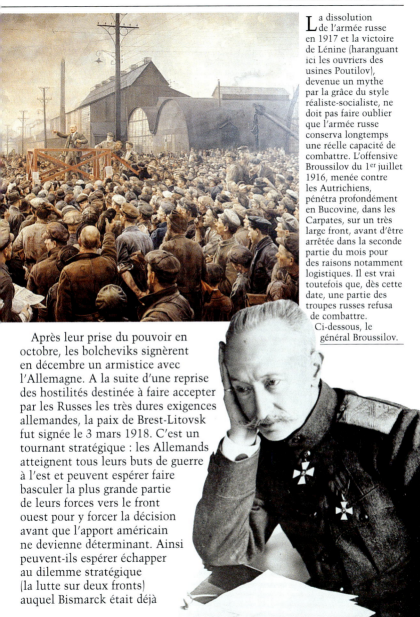

La dissolution de l'armée russe en 1917 et la victoire de Lénine (haranguant ici les ouvriers des usines Poutilov), devenue un mythe par la grâce du style réaliste-socialiste, ne doit pas faire oublier que l'armée russe conserva longtemps une réelle capacité de combattre. L'offensive Broussilov du 1er juillet 1916, menée contre les Autrichiens, pénétra profondément en Bucovine, dans les Carpates, sur un très large front, avant d'être arrêtée dans la seconde partie du mois pour des raisons notamment logistiques. Il est vrai toutefois que, dès cette date, une partie des troupes russes refusa de combattre.

Ci-dessous, le général Broussilov.

Après leur prise du pouvoir en octobre, les bolcheviks signèrent en décembre un armistice avec l'Allemagne. A la suite d'une reprise des hostilités destinée à faire accepter par les Russes les très dures exigences allemandes, la paix de Brest-Litovsk fut signée le 3 mars 1918. C'est un tournant stratégique : les Allemands atteignent tous leurs buts de guerre à l'est et peuvent espérer faire basculer la plus grande partie de leurs forces vers le front ouest pour y forcer la décision avant que l'apport américain ne devienne déterminant. Ainsi peuvent-ils espérer échapper au dilemme stratégique (la lutte sur deux fronts) auquel Bismarck était déjà

LE GÉNÉRAL NIVELLE, NIVELEUR — Dessin de C. Léandre.

Le général Nivelle, qui remplaça Joffre au commandement en chef fin 1916, était persuadé qu'il pouvait réaliser sur un vaste front ce qu'il était parvenu à obtenir sur des fronts restreints, comme à Verdun. Malgré le total scepticisme des politiques et de la plupart des généraux, il fixa son choix sur le secteur pourtant très difficile du Chemin des Dames, dans l'Aisne. Mais son plan fut contrarié par le retrait allemand de mars 1917 entre Arras et Soissons, destiné à raccourcir le front et à faire face à l'offensive française de printemps. Celle-ci se brisa dès le premier jour (16 avril) sur les défenses allemandes et, plus grave, Nivelle s'entêta à poursuivre l'attaque pendant un mois! Les pertes françaises s'élevaient à 271 000 morts, blessés, disparus et prisonniers, et Nivelle fut relevé de son commandement le 15 mai. Cette caricature du *Rire rouge* représentant Nivelle en «niveleur» des Allemands est un bon témoignage de la propagande de presse en 1917 et indique aussi, sans doute, les espoirs placés initialement dans une offensive présentée comme la dernière.

sensible lors de la formation de l'Empire allemand en 1871. Pour autant, un tel basculement était une opération complexe. Le temps manquait, et l'immense territoire au sort encore incertain que les Allemands occupaient à l'est les forçait à y maintenir de nombreuses troupes qui ne pourraient être rapatriées à temps sur le front ouest pour les ultimes offensives du printemps 1918.

Désobéissances sur tous les fronts

Refusant de tirer les conclusions de la spécificité stratégique de la guerre de position, les états-majors

avaient préparé au cours de l'année 1917 de nouvelles offensives : les Français au Chemin des Dames en avril-mai et les Anglais à Ypres en juin-juillet tentèrent encore l'impossible, au prix, une fois de plus, de centaines de milliers d'hommes. Seuls les Autrichiens, avec l'aide allemande il est vrai, et avec une tactique laissant plus d'initiative aux troupes d'assaut spécialement entraînées, réussirent à infliger aux Italiens la grave défaite de Caporetto en octobre 1917. Mais là encore, l'appui franco-britannique dépêché en catastrophe permit d'endiguer l'offensive adverse et de stabiliser le front.

Dans toutes les armées, la guerre d'usure et les attaques meurtrières entraînèrent des refus d'obéissance et des désertions, qui en 1917 se transformèrent en véritables mutineries dans les troupes françaises après l'échec de l'offensive du général Nivelle au Chemin des Dames, destinée à percer définitivement le front adverse.

A la suite de l'explosion, le 7 juin 1917, de dix-neuf énormes mines dont le bruit s'entendit jusqu'en Angleterre, les Britanniques lancèrent le 31 juillet, en Belgique, la troisième bataille d'Ypres, qu'ils appellent aussi Passchendaele, du nom d'un village finalement conquis lorsque l'offensive s'arrêta, le 10 novembre. Celle-ci s'était entièrement enlisée dans une boue qui, dès l'origine, fut dans ce secteur très humide une épreuve atroce pour les combattants. Les pertes s'élevèrent à 250 000 hommes.

1917, L'ANNÉE TERRIBLE

C'est la «rupture de contrat» tacite entre le commandement et les soldats – contrat qui supposait que les sacrifices demandés soient proportionnés aux résultats que l'on pouvait en attendre – qui a provoqué les mutineries, et non, comme l'ont cru certains généraux ou hommes politiques, une quelconque propagande révolutionnaire et défaitiste. D'autres facteurs ont joué également, qui tous ont trait aux conditions matérielles des soldats français : nourriture médiocre, cantonnements de repos mal aménagés, temps de transport interminables lors des permissions, autant de dysfonctionnements perçus comme des atteintes à la dignité de ceux sur lesquels reposait le sort de la patrie. Ainsi, c'est une sorte de grève générale que les soldats-citoyens français entament au printemps 1917.

Pétain et les mutineries

Le général Pétain, nommé au commandement en chef après l'échec de l'offensive Nivelle, comprend la situation. Il améliore le système des permissions et l'ordinaire des soldats. Surtout, il adopte une stratégie essentiellement défensive et le fait savoir, ce qui, une fois le contrat moral rétabli entre le commandement et les combattants, ne l'empêcha

Philippe Pétain était simple colonel en 1914, et près de prendre sa retraite. Il avait pourtant été professeur à l'Ecole de guerre, mais sa défiance pour les théories offensives n'avaient pas favorisé son avancement. La guerre bouleversa les hiérarchies établies en temps de paix : dès septembre 1915, il commandait la 2e armée en Champagne; appelé au commandement du secteur de Verdun le 24 février 1916, il évita la rupture du front français. En juin 1917, il sut, comme le montre cette photo, rétablir un contact direct entre le haut commandement et les hommes, gagnant ainsi une immense popularité dans le monde combattant.

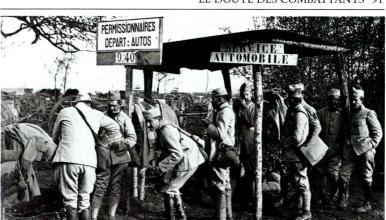

pas d'attaquer de nouveau avec succès au Chemin des Dames en octobre 1917 (La Malmaison).

Le mouvement des mutineries déclina dès juillet, soit avant que la répression – autre volet des mesures prises par Pétain – ne fasse sentir ses effets : 3 247 soldats français furent finalement jugés par les tribunaux militaires, 554 furent condamnés à mort, et 49 exécutés. On peut estimer le chiffre des mutins entre 30 000 et 40 000 sur un total de plus de 2 millions d'hommes sous l'uniforme. Un tiers des régiments fut gravement touché, un autre tiers fut menacé, un troisième resta indemne.

A ce titre, le mouvement des mutineries exprima un malaise très profond du monde combattant et une aspiration indiscutable à la paix. Mais pas la paix à n'importe quel prix. Ainsi est-il frappant d'observer que les mutins adoptèrent des comportements très soigneusement dosés : les régiments mutinés – ils l'étaient d'ailleurs rarement en totalité – ne se révoltèrent jamais en première ligne, respectèrent généralement les officiers subalternes, ne fraternisèrent pas avec l'ennemi et ne désertèrent pas.

Les soldats vivaient dans l'attente de la permission. Elle était rare, et l'arbitraire des attributions ainsi que la lenteur des transports vers l'arrière les exaspéraient. Pétain sut le comprendre : les permissions devinrent un droit en période calme, leur nombre fut augmenté, les transports furent rationalisés.

C'est la Paix qu'il nous faut.

grande manifestation on tue nos femmes et nos enfants à Paris

Cela explique que le commandement allemand n'ait rien su de l'ampleur de la crise et n'ait pas tenté d'en profiter.

Au fond, la grande question n'est pas tant de savoir pourquoi l'armée française a compté trois ou quatre dizaines de milliers de mutins en 1917, mais pourquoi elle n'en a pas compté beaucoup plus, beaucoup plus tôt, et dans des formes beaucoup plus graves d'insoumission : là encore, le sentiment national a joué un rôle décisif dans une sorte d'autocontention du mouvement de révolte.

La grève des «midinettes» de Paris a commencé le 14 mai 1917 : elle a concerné 20 000 couturières.

Refus à l'arrière

A l'arrière, la montée du pacifisme et les grèves ouvrières montraient également la lassitude des populations. Les premiers mouvements de grève qui, par leur existence même, marquaient une rupture des consensus initiaux, étaient apparus dès 1915 en France comme en Grande-Bretagne, en Allemagne comme en Russie. La lassitude s'accentua en 1916, et devint

L'unité de front est enfin réalis

manifeste en 1917. On a désormais l'impression que la guerre ne finira jamais. Si la censure a empêché que soient connus les manifestes pacifistes et révolutionnaires des socialistes minoritaires qui s'étaient réunis deux fois en Suisse, à Zimmerwald (septembre 1915) puis à Kienthal (avril 1916), la très forte augmentation des prix non couverte par celle des salaires en dehors des usines d'armement, les longues journées de travail, les rationnements ont usé ouvrières et ouvriers, qui savent que les bénéfices industriels sont énormes. De vastes mouvements sociaux se produisent donc en Grande-Bretagne au printemps 1917, et en Allemagne de janvier à l'été. En France, une première vague de grèves a lieu en janvier et une seconde au printemps : pour important

Dès 1916, le journal humoristique *La Baïonnette* stigmatisait le ridicule des pacifistes tentant d'arrêter les obus avec un filet à papillons. En 1917, *Le Rire* adopte un angle d'attaque plus politique : les menées pacifistes sont le fait des socialistes, de la papauté (la principale tentative de paix du pape date du 1er août 1917) et... des Allemands. Tous parlent aux soldats alliés le même langage de la «paix blanche», c'est-à-dire sans annexions ni indemnités, assimilée ici aux gaz asphyxiants. Même en 1917-1918, la «culture de guerre» à la française a su étouffer le développement d'un fort mouvement pacifiste, toujours suspect de n'être qu'une entreprise de trahison au profit de l'ennemi.

qu'il soit, ce premier grand mouvement – où les femmes jouent un rôle déterminant – n'est qu'implicitement pacifiste, et les revendications sont plus corporatistes que révolutionnaires. Sur ce point, la troisième vague de 1918, qui touchera l'Autriche-Hongrie, l'Allemagne, la France et la Grande-Bretagne, sera plus politique, plus dure, et, partout, bien plus nettement pacifiste et révolutionnaire que celle de 1917.

La fin des consensus

Ces réticences de plus en plus affirmées du monde ouvrier fragilisèrent inévitablement les Unions sacrées. C'est l'évidence en France en 1917, avec quatre changements de gouvernement au cours de l'année, jusqu'à la stabilisation amenée par Clemenceau en novembre. L'Union sacrée est rompue, à gauche du côté des socialistes, et à droite du côté des catholiques, qui se jugent victimes d'un anticléricalisme trop tenace pour rester au gouvernement. Les défections se produisent également au sein des autres puissances où la «trêve des partis» s'était imposée d'elle-même en 1914. En Allemagne, la majorité du Reichstag s'oppose au gouvernement en soutenant l'idée d'une paix de compromis à partir de l'été 1917. En Angleterre, le gouvernement Lloyd George, formé fin 1916, ne compte plus de représentants de la gauche travailliste un an plus tard. Dès avril 1916, la trêve politique s'est d'ailleurs rompue en Irlande lors de l'insurrection nationaliste des «Pâques sanglantes» de Dublin.

Les consensus initiaux paraissent donc nettement battus en brèche au terme de l'année 1917. Pourtant, à l'exception notable de la Russie, aucune des sociétés belligérantes n'a encore atteint son point de rupture après trois années et demie d'épouvantables souffrances. Dès lors, la question centrale demeure probablement la suivante : comment ces hommes et ces femmes épuisés ont-ils trouvé la force de se « remobiliser » pour affronter l'année 1918 ? En fait, tout se passe comme si leur consentement à la guerre avait été plus fort, ou plus profondément ancré, que le désespoir engendré par l'interminable conflit.

Clemenceau occupa dès 1914 un statut tout à fait à part parmi les hommes politiques français. Président de la Commission de l'armée du Sénat, il adopta une position constamment critique à l'égard de la conduite de la guerre, trop peu ferme à son gré. Il apparut ainsi comme le seul recours possible dans la très grave crise traversée par la France à partir du printemps 1917, ce qui lui valut de devenir président du Conseil le 16 novembre, à soixante-seize ans.

L'ÉPUISEMENT 97

Dès avant 1917, Clemenceau avait établi, grâce à ses visites au front dans des tenues restées légendaires, et menées souvent jusqu'aux premières lignes, un contact très direct avec le monde combattant. Ce dernier était pourtant peu friand des visites de parlementaires au front, instituées par le «contrôle parlementaire aux Armées» en juin 1916. L'épuisement des combattants, à la fois physique et psychique, se mesure aisément sur certains clichés de soldats de retour du front (ci-dessous).

« Je regardai à droite et à gauche. La ligne de partage de deux peuples offrait un singulier spectacle. A la vue de ces masses accumulées, la percée me parut chose faite. Le combat final, l'ultime assaut semblait venu. Ici, le destin de peuples entiers était jeté dans la balance; il s'agissait de l'avenir du monde. »

Ernst Jünger,
Orages d'acier, 1920

CHAPITRE VI
VAINCRE OU ÊTRE VAINCU

Le 2 octobre 1918, les soldats britanniques se massent sur les rives du canal de Saint-Quentin afin d'immortaliser leur victoire sur la pellicule. Après quatre ans de stagnation, le dénouement de la guerre est spectaculaire. Cette rapidité de la victoire alliée a contribué à susciter l'enthousiasme : un tel succès ne justifiait-il pas les sacrifices consentis ?

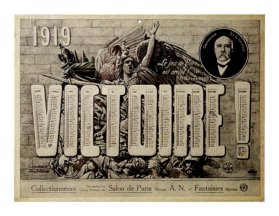

1918, le retour au mouvement

Au printemps 1918, l'état-major allemand sait bien que son ultime espoir de gagner la guerre est de percer le front ouest avant que l'apport américain en hommes ne fasse sentir tous ses effets. La tactique de Ludendorff, sans doute le général qui, avec Pétain, avait le mieux compris la guerre de position, repose sur l'action des troupes d'assaut spécialement formées depuis l'année 1916 et qui, déjà, avaient fait merveille sur le front italien en octobre 1917 à Caporetto.

Le jour du vendredi saint, en 1918, l'église Saint-Gervais est frappée par un canon allemand à longue portée (ci-dessus). On compte 88 morts, dont une majorité de femmes, de vieillards et d'enfants. La haine antiallemande redouble.

LA TACTIQUE ALLEMANDE 101

Alors que les états-majors avaient tenté de réduire les aléas des assauts par une planification extraordinairement précise des offensives – qui, pour être souvent insensées au plan stratégique, n'avaient rien eu d'improvisé au plan tactique –, Ludendorff, au contraire, laisse le plus d'autonomie possible aux troupes d'assaut afin qu'elles puissent pénétrer au plus profond du dispositif adverse, sous la conduite d'officiers très expérimentés.

En mars 1918, cette tactique permet d'enfoncer le front britannique en Picardie et même de menacer gravement la liaison entre les armées anglaises et françaises. Les mois suivants, les Allemands percent de nouveau en Flandre, puis en Champagne. Ils se rapprochent dangereusement de Paris dont ils affolent la population depuis le mois de mars en le bombardant avec des canons à longue portée. Foch, devenu le premier généralissime des armées alliées en avril, parvint à coordonner la défensive (seconde bataille de la Marne en juillet) puis, dès cette date, ordonne une contre-offensive générale sur tout le front ouest.

Ernst Jünger (au centre), mort centenaire en 1997, représente une figure emblématique du type d'officier commandant les troupes d'assaut allemandes. Il fut blessé sept fois. A la fin de la guerre, il fut décoré de la «croix pour le mérite», décoration que quatorze lieutenants seulement ont obtenue : il devint l'officier subalterne le plus décoré de l'armée allemande, et un véritable héros national. Jünger a aimé la guerre, et l'«expérience intérieure» qu'elle a suscitée chez lui. En 1920, il publie, à vingt-cinq ans seulement, son premier ouvrage : *Orages d'acier*. Un témoignage parfaitement en phase avec la lecture du conflit dans l'extrême droite allemande pendant la république de Weimar, et aussi un des livres les plus subtils sur la Grande Guerre.

Aviation et chars d'assaut

Les Allemands étaient sans doute passés assez près de la victoire militaire. Mais leur immense effort, qui – phénomène exceptionnel dans la guerre de position – avait réussi à creuser des poches de plusieurs dizaines de kilomètres de profondeur dans le front allié, avait usé leurs ressources en hommes et le ressort moral de leur armée. A l'inverse, les Alliés disposaient à cette date d'armes nouvelles qui leur permettaient de relancer la guerre de mouvement. C'est le cas de l'aviation. Le temps était alors révolu des duels entre «as» aériens des débuts de la guerre, refuges d'une éthique guerrière disparue dans la boue et les hécatombes de masse. Désormais, l'aviation est affaire d'escadrilles qui attaquent les lignes arrière et les nœuds de communication adverses, et, dans cette guerre-là, les Alliés détiennent en 1918 une nette supériorité. A cela s'ajoutent les chars d'assaut (tanks), essayés pour la première fois en septembre 1916 dans la Somme, et vraiment opérationnels à partir de l'été 1918. Les industries anglaise et française (Renault)

Les Alliés disposent à l'été 1918 de plusieurs milliers de chars légers et lourds. Cette photo, prise au mois d'août en Picardie, montre le rôle joué par les «tanks» britanniques dans la contre-offensive générale de l'été 1918. Il s'agit ici d'un char lourd Mark V, pesant 30 tonnes, comprenant huit hommes d'équipage et avançant à la vitesse des fantassins. Comme on le voit ici, les chars ne furent pas utilisés en formations autonomes, mais pour précéder les soldats, en appui de l'infanterie.

ont été pionnières dans ce domaine, alors que les Allemands n'y ont pas cru. Erreur stratégique décisive : si la victoire alliée ne fut pas due seulement à l'emploi des chars, il est indiscutable que ces derniers, employés en soutien de l'infanterie, ont permis de résoudre beaucoup plus facilement le problème posé par les réseaux de tranchées, les fils de fer barbelés et les obstacles de toutes sortes du no man's land. Grâce aux chars et aux avions, les Alliés purent renouer plus aisément avec le mouvement.

L'épuisement allemand

En face, surclassés techniquement, les Allemands doivent en outre affronter l'apport démographique américain, capital moins pour son rôle direct sur le champ de bataille – en dépit de la combativité des troupes américaines – que parce qu'il autorise une rotation des divisions alliées là où l'armée allemande, face à une contre-offensive générale, ne dispose plus de réserves. Dès lors,

La guerre aérienne a fasciné les contemporains. En 1917 (date de cette image), la supériorité technologique et la maîtrise de l'air étaient passées aux mains des Alliés.

les unités allemandes en ligne ne peuvent plus se reposer. A partir du mois d'août, elles donnent les premiers signes de faiblesse grave – Ludendorff qualifie ainsi la défaite du 8 août de «jour de deuil de l'armée allemande» –, signes qui s'accentuent en septembre-octobre.

Refoulée sur toute la longueur de front – mais non brisée en raison de l'extrême prudence de l'avance alliée et de la difficulté pour les troupes anglaises et françaises de sortir des habitudes de la guerre de position –, l'armée allemande improvise en comblant les brèches comme elle peut. Elle est en fait virtuellement vaincue sur le champ de bataille, ce dont ni le commandement allié, ni l'opinion allemande n'ont conscience. Le ravitaillement des soldats tourne à la catastrophe. Ces derniers n'ignorent rien de l'extrême précarité de l'existence quotidienne de leur famille à l'arrière, en raison de la crise aiguë traversée par les économies de

Les gros titres des journaux alliés sont aussi un reflet d'une fascination pour les dernières nouvelles qui se manifeste avec force au sein des opinions publiques des pays victorieux au cours des ultimes semaines de la guerre. A Paris, des attroupements se forment sans discontinuer devant les rédactions. Les plus grands journaux affichent à l'extérieur, sur des panneaux permanents, des cartes de la ligne de front.

The Evening News

London's Predominant Evening Journal. Largest Net Sale in the United Kingdom.

THE END OF THE WAR.

The Prime Minister made the following announcement to-day:—

The Armistice was signed at Five o'clock this morning, and hostilities are to cease on all Fronts at 11 a.m. to-day.

L'ÉCHO DE PARIS

NOUVELLES DU MONDE ENTIER

HENRY SIMOND — PAUL SIMOND — VALENTIN SIMOND

L'ALLEMAGNE A CAPITULÉ

L'ARMISTICE EST SIGNÉ

M. Clemenceau acclamé à la Chambre

guerre des Puissances centrales. A l'automne 1918, leur front proprement dit, tout comme leur front intérieur, sont proches de l'effondrement.

Les armistices

En septembre et octobre 1918, les Anglais battent les Ottomans au Proche-Orient. Les Français de l'armée d'Orient brisent la résistance bulgare soutenue par les troupes allemandes. Les Italiens remportent face aux Autrichiens leurs premiers succès depuis 1917, à Vittorio Veneto. Les trois alliés de l'Allemagne demandent des armistices. La dynastie des Habsbourg quitte le pouvoir tandis que les nationalités de l'empire proclament leur indépendance dans les dix derniers jours d'octobre. Avant même les traités de paix, avant même l'armistice signé le 3 novembre, l'Autriche-Hongrie a cessé d'exister.

En Allemagne, dès la fin septembre, Ludendorff a informé le Kaiser de la nécessité d'un armistice, afin d'éviter un effondrement de l'armée allemande. L'armistice est demandé début octobre par le gouvernement Max de Bade, sur la base des «14 points» de la déclaration Wilson de janvier 1918 mais les négociations sont longues avant que l'Allemagne n'accepte enfin les conditions draconiennes imposées

Le wagon du maréchal Foch servit de cadre à la signature de l'armistice à Rethondes. Le généralissime y reçoit en vainqueur la délégation allemande menée par Erzberger, dont les membres civils mettent humblement chapeau bas. Hitler se vengera en 1940 de cette signature consentie par les «criminels de novembre» en utilisant le même wagon, dans la même clairière. Quant au général qui commandait alors ce qui restait d'armée française, il était en 1918 assis à la gauche de Foch : c'est Weygand.

par les Alliés et les Américains. Le 9 novembre, la révolution éclate à Berlin, Guillaume II abdique, la république est proclamée : l'armistice est signé le 11 novembre, à Rethondes, en forêt de Compiègne.

Une explosion de joie extraordinaire saisit les populations alliées au moment où la guerre s'arrête. Jour de joie délirante à l'arrière, à Londres et particulièrement à Paris; jour d'émotion et d'intense soulagement au front. Joie de la victoire, mais étroitement mêlée à l'écrasement du deuil.

Allemagne, la défaite refusée

L'Allemagne, de son côté, doit vivre le traumatisme de la défaite. Pour autant, on se tromperait en pensant que ce sont des soldats vaincus qui rentrent en Allemagne en novembre 1918. L'ordre du jour de

Quatre empires ont disparu de la carte à l'issue de la guerre : Allemagne, Autriche-Hongrie, Russie, Turquie. La fin de la guerre s'accompagne ainsi d'immenses changements politiques. La république et la démocratie triomphent pour un moment du principe monarchique et des régimes autoritaires : une «libération» conforme aux grandes attentes de la culture de guerre dans les pays vainqueurs (caricature à droite).

LA JOIE DE LA VICTOIRE 107

Les immenses fêtes collectives du 11 novembre 1918, comme ici à Paris, ne peuvent masquer l'étendue du deuil. Autour de chaque mort s'étend un «cercle de deuil» qui peut compter parents et grands-parents, épouses et fiancées, enfants, oncles et tantes, cousins, amis aussi. Qu'ont fait ceux qui avaient perdu un des leurs le 11 novembre 1918? Certains ont «interrompu» leur deuil pour participer à la joie collective, d'autres s'y sont refusés. Tous, semble-t-il, ont été écartelés entre la fierté patriotique et une douleur rendue plus vive encore par la perspective du retour prochain des survivants.

Hindenburg, le 12 novembre, félicite les troupes «qui ont sauvé [leur] pays des malheurs et des désastres de la guerre» et qui ont «tenu pendant quatre ans face à un monde empli d'ennemis». Les régiments sont d'ailleurs reçus en vainqueurs dans les villes allemandes. Il est clair que la défaite est incompréhensible pour une majorité d'Allemands, puisque leurs troupes, le 11 novembre 1918, occupaient d'immenses territoires à l'est et à l'ouest, dont la totalité de la Belgique et certaines fractions du territoire français. Aucun adversaire n'a foulé le sol de la patrie. Dès lors,

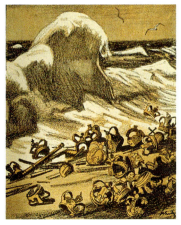

cette défaite impossible à intérioriser ne peut être que refusée.

Le chaos de la révolution est l'autre conséquence de la défaite allemande. La « révolution de novembre » a amené la proclamation de la République et l'arrivée au pouvoir de sociaux-démocrates. Mais les chefs spartakistes (socialistes extrémistes) Rosa Luxembourg et Karl Liebknecht, séparés du Parti socialiste allemand (SPD) depuis 1916 en raison de leur opposition au conflit, fondent le Parti communiste allemand et lancent en janvier 1919 une seconde révolution. Les socialistes au pouvoir font alors appel à l'armée – qui n'a accepté le changement de régime qu'au prix de la sauvegarde de l'ordre –, et en particulier aux corps francs. Ces derniers sont composés d'anciens soldats du front qui, dans les dernières semaines de la défaite militaire, se sont spontanément groupés autour de chefs charismatiques; ils n'éprouvent qu'hostilité à l'égard des ouvriers révoltés qui, souvent, ne sont pas allés au front, et à qui ils attribuent volontiers la responsabilité de la défaite. Ce sont eux qui brisent la révolution spartakiste et assassinent les dirigeants communistes au cours d'une « semaine sanglante » qui montre bien que, pour une partie de ceux qui avaient connu le front, la guerre n'était pas terminée en novembre 1918. Elle continuait, toujours impitoyable, mais désormais contre l'adversaire intérieur.

En Bavière (Kurt Eisner) et en Hongrie (Béla Kun), de semblables tentatives révolutionnaires sont écrasées. Le modèle bolchevique de révolution, contrairement à ce que craignaient les gouvernants occidentaux, n'a pas réussi à faire école à l'ouest, même dans les nations vaincues. En 1919, en 1920,

Le « Drapeau rouge » était l'organe du courant spartakiste brisé à Berlin entre le 11 et le 15 janvier, puis dans le reste du pays au printemps 1919.

L'ALLEMAGNE EN RÉVOLUTION 109

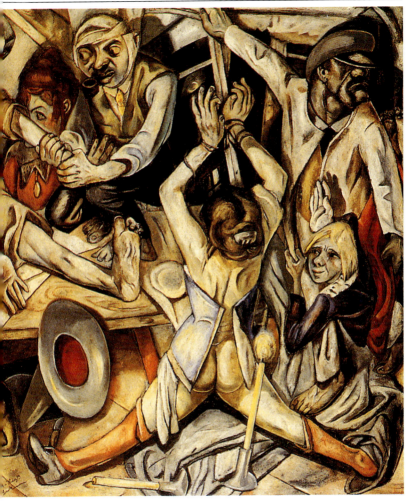

de très forts mouvements de grèves sévèrement réprimés ont également secoué les sociétés des pays vainqueurs, en France, en Italie, au Royaume-Uni. Ils montrent l'ampleur de la déception de l'après-guerre, et à quel point ceux qui ont tant souffert du conflit espéraient en un monde meilleur que la victoire était bien incapable de leur apporter.

Dans *La Nuit* (1918-1919), Max Beckmann, qui avait été volontaire de guerre, dénonce la violence de la répression dans l'Allemagne vaincue de l'après-guerre.

L'arrivée de Wilson en France – ici à Paris le 14 décembre 1918 et ci-dessous avec Clemenceau, Lloyd George et Orlando – fut triomphale, et saluée avec une chaleur particulière à gauche. La création de la Société des Nations était une des missions principales que se fixait le président américain. Il se fit ici l'héritier direct de vieilles aspirations à la sécurité collective et à l'arbitrage ancrées dans le XIXe siècle européen, surtout depuis 1848.

Traités imposés, traités refusés

La conférence de la paix qui s'ouvre en janvier 1919 à Paris avait de grandes ambitions : tout en sanctionnant les vaincus, il s'agissait d'organiser la paix pour le futur. Vingt-sept nations y participent et les vaincus sont exclus de la conférence. Mais les véritables décisions sont prises par le conseil des quatre : Woodrow Wilson (Etats-Unis), Georges Clemenceau (France), Lloyd George (Grande-Bretagne) et Vittorio Orlando (Italie).

Tout sera imposé par les vainqueurs, alors que l'on comptait réorganiser l'Europe sur les bases des « 14 points » que Wilson avait proposés en janvier 1918, dont le plus important préconisait le règlement des litiges territoriaux sur la base du principe des nationalités. Les options du président Wilson allaient rapidement se heurter aux intérêts étroits de chaque nation ou nationalité, à la complexité de la répartition de ces dernières en Europe centrale et balkanique, et à la certitude de chacun des vainqueurs (à commencer par la France) qu'il fallait assurer prioritairement sa propre « sécurité » territoriale, politique ou économique, afin qu'une telle catastrophe ne se reproduise plus.

Le président Wilson décida de participer lui-même à la conférence. Pour la première fois, un président américain se rendait en Europe. Sur place, il se

La galerie des Glaces de Versailles fut choisie pour la signature du traité de paix avec l'Allemagne, en rappel de la grandeur française sous Louis XIV et en exorcisme de la proclamation du Reich dans ce même lieu, en janvier 1871.
Lors de la cérémonie de 1919 (ci-contre), les signataires durent passer devant une délégation de «gueules cassées», reproches vivants des souffrances causées par l'Allemagne et par la guerre.

heurta surtout à Clemenceau sur la question de l'Allemagne. Lloyd George et ses exigences coloniales ou Orlando et ses rêves d'extension territoriale en Méditerranée rappelaient que les habitudes diplomatiques anciennes continuaient de régner en Europe malgré les principes affichés et la volonté américaine de bâtir un ordre international radicalement différent. Autre paradoxe : on voulait à la fois réorganiser l'Europe et châtier les vaincus, comme le montrent les clauses signées le 28 juin 1919 dans la galerie des Glaces de Versailles.

L'EUROPE ET LE MOYEN-ORIENT EN 1920

Les cartes de l'Europe et du Proche-Orient sont totalement modifiées par les traités de Versailles, de Saint-Germain-en-Laye, de Neuilly, de Trianon et de Sèvres : les quatre empires – allemand, austro-hongrois, ottoman et russe – disparaissent. A leur place, une série d'Etats fragiles, et souvent mal constitués. Les anciens territoires de l'Autriche-Hongrie forment la totalité ou partie de sept Etats, dont trois nouveau-nés : la Tchécoslovaquie, la Pologne et le Royaume des Serbes, Croates et Slovènes, future Yougoslavie. A la question des nationalités au sein des ensembles multinationaux se substitue la question souvent plus grave de minorités frustrées au sein d'Etats-nations. En outre, la création des nouveaux Etats a été compliquée par la nécessité d'établir un cordon d'Etats suffisamment solides pour contenir le péril bolchevique d'une part, et faire pièce à l'Allemagne d'autre part, d'où intégration à la Tchécoslovaquie des trois millions d'Allemands des Sudètes; attribution du couloir de Dantzig à la Pologne pour lui créer un accès à la mer; création d'une grande Roumanie intégrant la Transylvanie et la Bessarabie.

La création de la Société des Nations (SDN) devait permettre enfin aux Etats de construire ensemble un avenir de paix. Il s'agissait rien de moins que d'organiser un nouvel ordre international dans lequel l'arbitrage remplacerait la guerre comme moyen de trancher les différends entre les Etats. Le pacte de la SDN, signé dès avril 1919, fut intégré à tous les traités de paix. Mais ni l'Allemagne ni les autres vaincus ne pouvaient appartenir à la Société des Nations. Quant au Sénat américain, aux mains d'une majorité républicaine, il ne ratifia pas le traité de Versailles en 1920, par refus de tout engagement trop prononcé dans les affaires mondiales, en particulier européennes. L'œuvre de Wilson fut largement anéantie.

Des vaincus durement sanctionnés

Les Alliés maintiennent le blocus en 1919, au prix de souffrances dramatiques pour les Allemands, dont le pays est châtié durement.

Si, contrairement à l'Autriche-Hongrie, elle conserve une grande partie de son intégrité territoriale, on lui interdit toute puissance militaire, elle perd ses colonies, la rive gauche du Rhin est démilitarisée et occupée. Surtout, elle est jugée responsable de la guerre par l'article 231, le plus douloureux, symboliquement, aux yeux de l'opinion allemande. L'Allemagne est désignée comme coupable et doit acquitter des réparations économiques.

L'Allemagne protesta avec énergie contre un «diktat» inadmissible. Sa souveraineté elle-même était entamée, phénomène sans précédent dans l'histoire des relations internationales. L'Allemagne était-elle encore une grande puissance? La question était d'autant plus cruelle que beaucoup d'Allemands avaient l'impression que leur pays n'avait pas été vaincu sur le champ de bataille et que la responsabilité de la défaite appartenait

Placés au confluent de la Moselle et du Rhin, des Français (à gauche) participent à l'occupation de la Rhénanie prévue par la convention d'armistice. Cette présence ennemie fut perçue comme particulièrement humiliante, surtout lorsqu'elle fut le fait de troupes coloniales.

Ce tank britannique, capturé par les Allemands et retourné contre leurs adversaires, est à présent démonté, conformément au traité de Versailles interdisant à l'Allemagne tout armement lourd.

Le défilé de la victoire eut lieu sur les Champs-Elysées le 14 juillet 1919 (ci-contre). Des troupes de toutes les armées alliées y participent, avec tous les grands chefs de la guerre. En France, l'exaltation patriotique est immense, sans que le deuil soit oublié pour autant, comme le montre la présence d'un immense catafalque place de l'Etoile, sorte de préfiguration symbolique du soldat inconnu.

en fait aux traîtres de l'intérieur : socialistes, juifs, ou les deux associés. Les événements révolutionnaires qui s'étaient déroulés en Allemagne fin octobre-début novembre accréditèrent le mythe, très tôt apparu, du «coup de poignard dans le dos» de l'armée. On ne peut comprendre le nazisme sans cet arrière-plan traumatique d'une nation qui refuse d'être vaincue.

Des vainqueurs frustrés

Pourtant, même les vainqueurs ne sont pas satisfaits : les marchandages et les compromis ont frustré la France qui estime n'avoir pas obtenu toutes les garanties indispensables. L'Italie parle d'une «paix mutilée» et, au printemps 1919, son opinion est soulevée par une immense vague d'indignation patriotique face au refus américain de consentir à la récupération des terres *irredente*, de l'Istrie et du port de Fiume. L'émergence du fascisme, ce produit idéologique nouveau directement issu de l'«interventionnisme» italien et plus

largement de la « culture de guerre » de 1914-1918, s'inscrit dans la droite ligne de cette immense frustration nationale.

La suite du XXe siècle permet de l'affirmer avec certitude aujourd'hui : les « traités de la banlieue parisienne » (Versailles, Saint-Germain-en-Laye, Neuilly, Trianon, Sèvres) ont bien donné naissance à une paix mort-née et ont créé, notamment, les conditions de la Seconde Guerre mondiale. Il ne reste d'ailleurs presque rien de cette construction depuis les bouleversements des années 1990. Pour autant, faut-il accuser les diplomates de n'avoir pas su bâtir une paix durable sur les ruines européennes de 1918 ? Ou ne faut-il pas plutôt incriminer les conséquences profondes de la Grande Guerre elle-même et de la « culture de guerre » de 1914-1918 ?

Un millier de mutilés et de « gueules cassées » ouvraient le défilé de la victoire du 14 juillet 1919, rappelant ainsi l'immensité des sacrifices. Jean Galtier-Boissière, l'auteur de cette toile, avait dirigé pendant la guerre un des plus remarquables journaux de tranchées, *Le Crapouillot*, qui continua de paraître pendant l'entre-deux-guerres, dans une perspective de plus en plus pacifiste et antimilitariste.

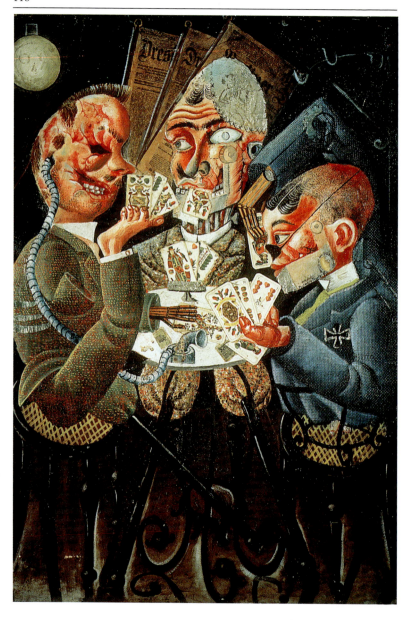

« On vous a tués, et c'est le plus grand des crimes. Il ne me reste plus que moi et l'image de vous que vous m'avez donnée. Presque rien : trois sourires sur une toute petite photo, un vivant entre deux morts. Ils clignent des yeux, tous les trois, à cause du soleil printanier. Mais du soleil, sur la petite photo grise, que reste-t-il ? »

Maurice Genevoix,
Les Eparges, 1923

CHAPITRE VII
SE SOUVENIR

Le peintre expressionniste ancien combattant Otto Dix fait de ces invalides de guerre le symbole de la mutilation de l'Europe tout entière. La noblesse de l'engagement – celle que l'on retrouve sur ce portrait américain de disparu – est oubliée, il ne reste plus que l'amertume et la dérision pour une guerre qui a enfanté d'une « génération perdue ».

Morts, destructions, ruines : un bilan impossible ?

Entre 9 et 10 millions de morts, trois fois plus de blessés, dont 8 millions d'infirmes, mutilés, aveugles, sans compter les millions de névrosés de guerre qui ne pourront jamais non plus reprendre une vie familiale ou professionnelle tout à fait normale. Il faut multiplier ces chiffres par autant de veuves, d'orphelins, de parents qui ont perdu leurs fils, de sœurs leurs frères, de grands-parents leurs petits-fils. La guerre a détruit l'ordre de la vie, celui des générations. Ces souffrances-là ont été bien peu dites.

Au Royaume-Uni, c'est le monde urbain qui a payé le prix le plus lourd à la guerre; en France, ce sont les ruraux. 16 % des soldats français sont morts, et 25 % des fantassins. Partout les élites ont été particulièrement touchées, parce que les officiers et les sous-officiers qui en étaient issus ont été surexposés : c'est le cas des étudiants de Cambridge ou d'Oxford, de ceux de l'Ecole normale supérieure, des étudiants des universités allemandes.

Les destructions (ici, ce qu'il reste de Montdidier dans la Somme) font apparaître les zones de front comme de longues cicatrices. Autour de Verdun, neuf communes «mortes pour la France» ne furent jamais reconstruites. Pour le pays largement rural qu'était encore la France, les millions d'hectares de terre rendus incultivables furent particulièrement accablants. On accusa les Allemands d'avoir sciemment voulu atteindre le cœur des valeurs françaises : les églises, les monuments historiques. Cela était souvent plus vrai des industries et des voies de communication des régions occupées.

Contrairement à une idée reçue, ce sont les classes moyennes et supérieures qui payent le tribut le plus élevé à la guerre.

Toutes les régions qui ont été zones de combats souffrent de destructions atteignant jusqu'à 100 % de leur potentiel agricole et industriel : France du Nord et de l'Est, Belgique, Serbie, Italie du Nord, Pologne orientale, Russie occidentale. La France est le pays le plus touché, en particulier parce que ce sont de riches régions agricoles, minières et industrielles qui ont été détruites et qu'il faut reconstruire : l'aspect spectaculaire de la «zone rouge» française, destinée à être laissée telle quelle, témoigne de l'ampleur de la catastrophe économique et sociale. En revanche, le potentiel productif de l'Allemagne est intact, ce qui alimente toutes les craintes de la France et cette obsession de la sécurité qui dicte désormais ses réactions à l'égard du voisin d'outre-Rhin.

Des plaques commémoratives en émail sont apposées sur les tombes et les monuments aux morts, dernier regard des disparus.

Une parenthèse impossible à refermer

L'EMPRUNT DE LA PAIX

La guerre a ruiné les finances publiques et les monnaies des pays européens. Les Etats-Unis sont devenus le grand bailleur de fonds mondial, en dépit des tentatives désespérées de l'Angleterre, au cours des années 1920, pour tenter de redonner à la livre son rôle de monnaie internationale. L'Europe, qui dominait encore le monde en 1914, est désormais dépassée par les «pays neufs». La guerre y a été payée par l'impôt, les réserves d'or et les emprunts, intérieurs ou internationaux. La dépréciation monétaire et l'inflation en sont les conséquences. Les rentiers, habitués à la stabilité monétaire et aux revenus fixes, voient leurs ressources diminuer ou s'écrouler, tandis que des fortunes se sont érigées grâce aux bénéfices de guerre.

La question n'est pas seulement financière : c'est l'«ordre normal des choses», toute une forme de stabilité bourgeoise dont les fondements sont également moraux, qui est durablement atteint. Au fur et à mesure, les opinions prennent lentement conscience que la parenthèse de la guerre ne pourra être refermée, et c'est une crise morale qui se développe sur cet arrière-plan financier et économique : aux attentes d'un monde meilleur succède le malaise des années 1920.

Les bouleversements sociaux et culturels sont donc considérables, mais peu conformes, en fait, à ce que l'opinion en a généralement retenu, dans l'instant ou après coup. On sait bien aujourd'hui, par exemple, que le conflit n'a guère contribué à l'émancipation des femmes. Le retour des démobilisés et l'arrêt des

Il faut payer la paix aussi, et les affiches d'emprunts (à gauche) promettent un avenir où les valeurs de la famille et du travail sont retrouvées. Hommes et femmes reprennent leur place traditionnelle : les femmes auprès des enfants, que l'on espère nombreux, les hommes en bâtisseurs d'usines modernes.

usines de guerre les ont massivement privées de leurs emplois. En France, on a préféré faire appel à des immigrés polonais ou italiens pour combler le déficit démographique et pallier le vieillissement de la population. Si les femmes britanniques et allemandes obtiennent, certes, le droit de vote, ce n'est pas le cas des Françaises, qui voient leur sort aggravé en 1920 par la loi interdisant contraception et avortement sous la menace de peines très dures. Faut-il s'en étonner? La «culture de guerre» met en exergue les valeurs viriles les plus traditionnelles, elle héroïse les hommes au combat et place les femmes dans un rôle subordonné. Elle fait triompher la masculinité.

Les 600 000 prisonniers de guerre français rentrent fin 1918, certains après quatre ans de captivité. Des hommes usés par les privations, le travail en *kommando* doivent aussi répondre de leur «lâcheté». Avoir été fait prisonnier semblait parfois impardonnable dans la guerre des patries. Les prisonniers allemands, eux, sont gardés en gage jusqu'au traité de Versailles.

Morts pour la patrie

Partout dans le monde, les anciens belligérants construisent des monuments commémoratifs destinés à faire revivre les «grands absents». Les monuments aux morts sont les lieux du deuil infini, symbolisé par les très longues listes des morts, mais aussi celui du rappel de l'héroïsme et du patriotisme de tous, combattants du front et de l'arrière.

Entre 1871 et 1914, en France comme en Allemagne, on avait érigé des monuments pour célébrer les morts de la guerre franco-prussienne. Mais ce n'est qu'après 1918 que les monuments devinrent universels chez tous les belligérants. 36 000 monuments environ furent élevés dans l'ensemble des communes françaises. Mais il faut multiplier ce chiffre par quatre ou cinq au moins pour donner une idée de la frénésie commémorative des années 1920 : monuments des paroisses, des entreprises, des écoles...

La plupart des monuments révèlent toute la complexité de la douleur du deuil de guerre, pendant et après la guerre. Exalter l'héroïsme au service de la patrie devait aider les veuves, les orphelins,

La date du transfert du soldat inconnu, le 11 novembre, tout comme le site de l'exhumation du corps s'imposaient. On allait amener dans la capitale un héros choisi au cœur du champ de bataille mythique : Verdun. En revanche, le lieu choisi pour l'inhumation a suscité des débats. On choisit finalement l'exceptionnalité de l'Arc de Triomphe pour répondre à l'attente des Français. L'inhumation de l'Inconnu, son adoption par la Nation entière sont sa résurrection. L'Inconnu est aussi accompagné tout au long de la journée d'une famille fictive, une veuve de guerre, une mère et un père «orphelins» d'un fils, un enfant «orphelin» de père; chacun fait sien l'Inconnu comme son père ou son fils. Les cérémonies du 11 novembre 1920 font sortir dans les rues de Paris des centaines de milliers de gens en larmes, persuadés qu'ils voient passer celui-là même qu'ils ont perdu.

les survivants des tranchées, à faire face, à assumer la perte des ses proches et à permettre le long «travail de deuil» des années 1920 et 1930.

Soldats inconnus

La signature de l'armistice du 11 novembre 1918 ayant mis fin à la Grande Guerre, cette date a acquis une résonance extraordinaire dans la mémoire du siècle. Le 11 novembre devint le jour où l'on rappelle le drame de la disparition de la «génération perdue», en France et en Angleterre tout particulièrement, moins pour fêter la victoire que pour rappeler la fin de la guerre et pleurer les morts. A partir de 1922, le 11 novembre, grâce à l'action militante des anciens combattants, est enfin fête nationale de l'armistice en France : un jour férié qui va devenir rapidement celui d'une véritable religion civile de la République.

Dans toutes les capitales des pays «victorieux», on crée un nouveau culte, celui du soldat inconnu. Parmi les morts, des millions de cadavres déchiquetés par l'artillerie ont perdu toute identité. Leurs familles doivent vivre avec la douleur supplémentaire de n'avoir pas une tombe pour se recueillir, parfois de ne rien savoir des

Pour la génération perdue, on a créé un ensemble parfaitement tragique : unité de temps, le 11 novembre; unité de lieu, le monument aux morts; unité d'action, la cérémonie commémorative. Le sculpteur du monument aux morts d'Auchel, dans le Pas-de-Calais, a réalisé une œuvre complexe et désespérée. A l'arrière, une famille de mineurs dans la paix. A l'avant, la femme en deuil cache son visage dans ses mains pour pleurer et ne plus voir les corps déchiquetés. Les noms de tous les morts de la commune, inscrits sur les soubassements, sont tout ce qui reste de ces vies. Les monuments sont très rarement ouvertement pacifistes mais disent presque toujours l'ambiguïté de l'après-guerre : ils exaltent le courage des survivants, tout en étant avant tout un lieu de regrets, où deuil, ferveur religieuse et patriotique sont complémentaires.

Un groupe de jeunes soldats allemands en 1916, photographiés autour de leur mascotte. Assis au premier rang à gauche, le caporal Adolph Hitler, bientôt décoré de la croix de fer pour sa bravoure. En 1940, le vainqueur de la campagne de France visitera en triomphateur ses anciens champs de bataille et exigera de ses troupes qu'elles entretiennent avec dévotion les tombes de ceux qui s'étaient sacrifiés entre 1914 et 1918.

derniers moments de celui qu'elles ont perdu. Les tombes des soldats inconnus viennent ainsi offrir un lieu solennel de recueillement, à la fois national et personnel. Le 11 novembre 1920, le soldat inconnu, choisi à Verdun, est inhumé sous l'Arc de Triomphe à Paris.

Les Allemands n'auront pas, en revanche, de soldat inconnu, même si plusieurs sépultures de champs de bataille ont regroupé en Allemagne les corps de soldats non identifiés : dans ce pays vaincu, cette fonction d'exorcisme des deuils de la Grande Guerre sera assumée par un vétéran du conflit, simple caporal en 1918 : Adolf Hitler.

La Grande Guerre et le XXᵉ siècle

Personne n'est sorti indemne de la Grande Guerre. Ni bien sûr les victimes directes, ces blessés, ces mutilés symboles des millions de morts. Ni leurs familles, à jamais détruites. Mais même pour les insouciants des mythiques « années folles », qui crurent pouvoir oublier

dans la fête et tourner le dos aux victimes les plus apparentes de la guerre, rien ne sera jamais plus comme avant. Les frontières sont bouleversées – les quatre empires ont disparu de la carte –, les Etats, les économies, les sociétés, européennes ou non, sortaient transformés, parfois radicalement. Le champ politique est méconnaissable, avec l'émergence du communisme et des fascismes, dont la force d'attraction sur les sociétés européennes était un des fruits les plus amers de la Grande Guerre. Les formes de la guerre elles-mêmes ont été radicalement modifiées par l'extrême brutalité du combat et l'affirmation des «cultures de guerre» nationales.

Certes, vainqueurs et vaincus ont souffert des mêmes conséquences humaines apportées par les quatre années de conflit. Mais l'intransigeance des premiers, l'amertume des seconds aboutiront à un désastre politique et culturel dont la Seconde Guerre mondiale a directement procédé. Les années 1914-1918, en ébranlant le monde, ont orienté dans un sens infiniment tragique tout le destin du XXe siècle.

Un blessé de la face exhibe ici sa blessure, puis la dissimule sous un masque. A la souffrance physique s'ajoute le drame moral. Qui sont ces hommes que ni eux ni ceux qui les croisent ne peuvent reconnaître? Ces hommes défigurés portent en eux et sur eux la défiguration de l'Europe et du monde. Ils sont l'emblème tragique du conflit, comme tous les grands mutilés, cloués par leurs souffrances (à gauche, des Anglais dans un hôpital), les aveugles, les traumatisés psychologiques : leurs millions de vies gâchées, celles de leurs proches, s'ajoutent aux millions de morts.

TÉMOIGNAGES ET DOCUMENTS

À MON ÉPOUX CHÉRI

TERRIBLE GUERRE, toi qui m'a enlevé mon bien-aimé où tu n'as mis à la place plus que des pleurs et n'a pas voulu notre bonheur.

Tu m'as fait quitter ma robe d'épouse pour prendre le grand voile de la veuve éplorée. Pourquoi ! Étais-tu jalouse de notre bonheur ?

À trente-huit ans, mon mari bien-aimé, tu as quitté la femme chérie pour venger la Patrie me laissant peu d'espoir et à trente-neuf ans, après un an de souffrances endurées, tu m'as quitté, hélas pour toujours, me laissant le cœur brisé.

Maintenant pour me consoler, il ne me reste plus qu'à aller m'agenouiller sur cette pierre glacée.

Adieu mon mari chéri
Je te pleurerai toute ma vie.

Combattre

Les soldats de 1914-1918 ont beaucoup insisté sur la dimension d'indicible qui caractérise l'expérience combattante. A ce titre, les journaux de tranchée, rédigés dans les unités elles-mêmes, et qui ont existé dans plusieurs armées – 400 environ ont dû être édités dans l'armée française –, constituent une source précieuse : s'adressant exclusivement au monde combattant, ils s'autorisent souvent, malgré la censure et l'autocensure, une expression très crue sur l'expérience de guerre.

Le pire moment de l'assaut, c'est l'attente. Ce texte de L'Argonnaute, *un journal de tranchée tiré de manière très artisanale, mais au contenu d'une grande qualité, est particulièrement explicite à ce sujet.*

A quatorze heures, la troisième section de la cinquième compagnie attaquera la barricade – cette fois, l'ordre semble définitif, encore qu'il soit le troisième donné : huit heures d'abord, puis dix heures, et, à deux reprises, après avoir fait provision de courage comme on respire un bon coup avant de plonger il avait fallu détendre ses nerfs, redevenir le paisible soldat qui attend dans les tranchées […]. «Sera-ce bien pour cette fois ?» me souffle à l'oreille le caporal L. […] Il sourit, tranquille, ne songe pas, dirait-on, au danger futur. J'y songe, moi, trop. J'envie le calme de mon camarade et pour m'abstraire de ces idées dangereuses, je regarde la plaine […]. Je regarde encore ma montre… quatorze heures, presque. Le sergent Lair qui commande le petit groupe d'attaque a fait le même geste que moi. Nous regardons encore… Cinq minutes et un bond dans l'inconnu. Je pense, malgré moi, que dans une heure je n'aurai peut-être plus l'occasion de philosopher. Je me secoue…

Les quinze hommes de l'assaut sont là, dans le boyau, l'air tranquille. Ils attendent la minute décisive. Les uns fument, d'autres parlent à voix basse, un autre se contemple furtivement dans une petite glace. Cela me semble presque inouï. Aurais-je pensé à cela ? […] Pourtant je dois avoir un drôle de visage. Deux ou trois hommes seulement paraissent nerveux. Ils regardent à droite et à gauche avec une sorte d'inquiétude animale. On dirait qu'ils espèrent que, brusquement, on va leur dire : c'est fini ! et qu'ils peuvent rester là. Tous

d'ailleurs, au dernier moment, vont retrouver leur sang-froid, ils se seront adaptés, comme les autres, à l'idée du sacrifice.

L'Argonnaute,
15 avril-1er mai 1916

Les fils de fer barbelés et les mitrailleuses ont été responsables de l'échec d'un grand nombre d'assauts meurtriers. Ce texte de 1915 – année où les attaques mal préparées ont été particulièrement nombreuses, il est vrai – en donne une idée saisissante.

A l'heure prescrite, les officiers nous font le petit laïus habituel, les dernières recommandations, puis nous demandent si nous sommes prêts. Sur notre réponse affirmative suit un instant de silence, de recueillement, puis soudain retentit le cri : «En avant». Nous étions dans la deuxième parallèle de départ. Sans hésitations, officiers et hommes, nous sautons sur le parapet et courons vers la première tranchée pour y remplacer les camarades qui déjà s'approchent des lignes boches. On s'arrête à peine, que déjà retentit de nouveau le cri : «En avant!» Nous escaladons le nouveau parapet et en criant de toutes nos forces n'importe quoi : vive la France! Sus aux boches! Allons les gars! nous partons pour rejoindre la première vague. La fusillade crépite là-bas devant nous. Les mitrailleuses dévident leurs rubans de mort. Tac, tac, tac, tac. Nous rejoignons les camarades, mais, horreur, nous nous heurtons à une barrière de fils de fer barbelés intacte et profonde de plus de trente mètres. Pendant ce temps, les mitrailleuses ennemies continuent : tac,

tac, tac, tac tandis que nous voyons à droite, à gauche, les camarades tomber et joncher la terre de taches bleues de capotes, rougies de sang aux endroits où le coup a frappé. Voici à présent les 3e et 4e vagues qui arrivent à leur tour. En avant, quelques poilus qui ont réussi à se couler sous les fils de fer atteignent la tranchée des empoisonneuses. Ils sautent dedans mais hélas on ne les a pas revus... Ils étaient trop peu nombreux ! D'autre part, franchir le réseau en masse est impossible et la situation devient de plus en plus critique. Le cri «aux outils !» retentit. On creuse alors fébrilement le sol et bientôt nous sommes terrés tout contre le réseau boche. Les balles sifflent au-dessus de nous et nous nous cramponnons au terrain acquis. Voici le résultat de la journée mais... si les fils de fer avaient été coupés... comme nous enlevions la position ! [...] Bon dieu ! si seulement notre artillerie avait réussi à établir une brèche ! [...] Si encore nous n'avions pas le chagrin d'avoir perdu notre commandant, notre capitaine, mon lieutenant et combien de copains tués ou blessés.

L'Echo de Tranchées-ville,
28 octobre 1915

L'emploi des gaz a représenté pour les combattants une transgression fondamentale. C'est ce que cherche à expliquer cet article du Filon. *Sa dédicace montre la dimension presque initiatique de l'expérience subie.*

Les gaz ; à ceux qui les ont vus.

Avec la vague, la mort nous a enveloppés, a imprégné nos vêtements et nos couvertures, elle a tué autour de nous tout ce qui vivait, tout ce qui respirait. Les petits oiseaux sont tombés dans les boyaux, les chats et les chiens, nos compagnons d'infortune, se sont étendus à nos pieds et ne se sont plus réveillés. Puis nous avons vu se diriger vers le poste de secours nos camarades de combat et, avec anxiété, nous avons, pendant longtemps, attendu l'ennemi ou la mort. Nous avons passé là, chers camarades, les heures les plus douloureusement longues de notre existence de soldats. Nous avions tout vu : les mines, les obus, les lacrymogènes, le bouleversement des bois, les noirs déchirements des mines tombant par quatre, les blessures les plus affreuses et les avalanches de fer les plus meurtrières, mais tout cela n'est pas comparable à ce brouillard qui, pendant des heures longues comme des siècles, a voilé à nos yeux l'éclat du soleil, la lumière du jour, la blanche pureté de la neige.

Le Filon,
20 mars 1917

C'est le bombardement, surtout, qui a tué et blessé le plus massivement en 1914-1918. Cet article de 1917 tente d'exprimer l'effroyable sensation d'impuissance de l'homme sous le déluge de fer.

Il n'y a rien de plus horrible à la guerre que de subir un bombardement. Un homme est là, seul dans son trou. Il n'est pas dans le feu du combat. Il raisonne. Il a une acuité extraordinaire de jugement. Tout d'abord, il cause avec son voisin du trou d'à côté : il aime sentir près de lui un être, un camarade qui court les mêmes risques. C'est humain. Il crâne, se contraint à plaisanter. [...] Mais il constate que son rire sonne faux et brusquement il préfère être franc avec lui-même : nul doute n'est possible, c'est là un bombardement, un vrai, une de ces préparations d'artillerie qui précèdent les attaques et où le terrain à conquérir doit être complètement bouleversé, où

il ne doit plus rester un être vivant dans les tranchées nivelées… L'obus fusant, il ne le craint pas, les 30 à 40 cm de terre qui sont au-dessus de sa tête suffisent amplement à arrêter les éclats. L'obus percutant, lui, ne pardonnera pas, c'est la mort certaine sous le sol effondré. Il calcule, cherche la position la moins défavorable, se recroqueville, place sa tête près de l'ouverture de sa cagna pour pouvoir respirer en cas d'éboulement partiel. […] Son oreille perçoit tous les départs des coups. Il devine la trajectoire de l'obus, sait approximativement où va se produire l'éclatement. […] S'il comprend que l'obus va tomber près de lui, il ferme les yeux, se fait tout petit, place instinctivement son bras de façon à protéger la tête… Une flamme brûle ses paupières, une âcre fumée le suffoque… c'est fini pour cette fois, il n'est pas blessé. Bientôt le bruit devient infernal ; plusieurs batteries tonnent simultanément. Impossible de rien distinguer. Les obus se succèdent sans interruption. Il lui semble que son crâne éclate, que sa raison va chavirer.

C'est un supplice dont il ne prévoit pas la fin. Il a peur tout à coup d'être enseveli vivant. Il se voit les reins brisés, étouffant, creusant la terre de ses mains crispées. Il évoque l'atroce agonie, il désire de toutes ses forces que le bombardement prenne fin, que l'attaque se déclenche […]. Que sont devenus ses camarades ? Sont-ils partis ? Sont-ils morts ? Reste-t-il seul vivant dans son trou ? Et c'est la vision soudaine des êtres chers : sa femme, sa mère, son enfant […]. Sans savoir pourquoi, il revoit des détails insignifiants de son appartement […]. Il veut que sa pensée dernière soit pour ceux qu'il aime… Il prononcera doucement, pieusement leur nom… Puis c'est la révolte, il a une envie folle de bondir. C'est trop stupide de rester là à attendre la mort ! Tout est préférable à cela ! Oh ! voir le danger en face ! Lutter !!! Agir !!! Le déluge continue. La force aveugle se déchaîne. Et l'homme reste dans son trou, impuissant, attendant, espérant le miracle.

La Saucisse,
avril 1917

«Garde-toi mon Lu»

Jamais les femmes n'ont tenté d'empêcher les hommes de combattre en 1914-1918. Au contraire. C'est grâce à leur place dans le processus de production que cette guerre industrielle de plus de quatre ans a été possible. Inversement, c'est souvent grâce au sentiment qu'ils défendaient leurs femmes que les hommes ont donné du sens à leur sacrifice. Les premières ont d'ailleurs largement encouragé les hommes à «faire leur devoir», comme le montrent les lettres ouvertes par le contrôle postal.

Cette lettre d'une jeune élève institutrice bretonne à son fiancé, la veille de son départ pour le front, indique parfaitement l'ambivalence des sentiments des femmes restées à l'arrière : à la fierté d'avoir ceux qu'elles aiment exposés se mêle étroitement l'angoisse atroce de leur mort possible.

Quimper,
23-4-1915, 2 h du matin

Cher Lucien,

Tu liras cette lettre dans le train qui t'emporte bien loin de moi, loin de ces lieux où nous avons passé de si bons moments.

Il le faut mon Lu et d'ailleurs cette séparation était prévue nous savions que toi aussi tu devais faire ton devoir.

Je devrais m'estimer heureuse que tu sois encore là.

Et puis il faut que tous y aillent. C'est juste.

Cela devait te vexer un peu d'entendre parler de ceux qui n'avaient jamais été au feu. Sans le prendre pour toi, tu te disais que sur le front c'était mieux ta place que celle d'un père de famille.

Moi j'aurais voulu te garder encore bien longtemps près de moi mais lorsqu'on me parlait de toi on disait «il a été blessé?», cela me gênait de répondre : «il n'est pas encore parti».

Maintenant lorsqu'on parlera de toi, je pourrai soutenir le regard en disant : il est là-bas lui aussi.

Et puis tu pourras te mêler aux conversations lorsqu'on parlera de la guerre. Plus tard lorsque tu seras bien vieux avec tes petits-enfants tu parleras de la Grande Guerre.

Sais-tu que les femmes de France n'auront d'estime que pour ceux qui auront su les défendre ? Ta Marya sera du nombre.

3h du matin.

Tu vas souffrir pour elle, aussi elle t'en sera reconnaissante et te le prouvera en t'aimant encore plus s'il est possible. Mais lorsque tu ne seras plus là, lorsque je ne te verrai plus, je te saurai là-bas continuellement exposé, mon Lu...

[...] je suis trop faible. Que vais-je devenir tout à l'heure ?

[...] je sais que tu ne te déroberas pas à ton devoir, je te vois là-bas un vaillant soldat mais j'ai si peur que tu sois trop téméraire. Le devoir n'exclut pas la prudence. Garde-toi pour tous ceux qui t'aiment. Quel chagrin pour tes parents si tu ne leur revenais pas et pour moi un peu... garde-toi... garde-toi mon Lu.

Songe à celle qui bien loin de toi te suivra partout par la pensée, à une petite qui t'a donné tout son cœur.

Adieu pour quelque temps à nos soirées communes, à nos longues promenades du dimanche, à notre dernier soir.

J'ai confiance en l'avenir. J'espère être heureuse.

Sans toi je ne le serai jamais. Il faut donc que tu reviennes. Maria veut. Partage ma confiance. Tu reviendras.

Mes meilleurs vœux t'accompagnent mon Lu, toi que j'adore,

Dans un dernier sanglot
Quittons nous sur ces mots
Kenavo
Marya

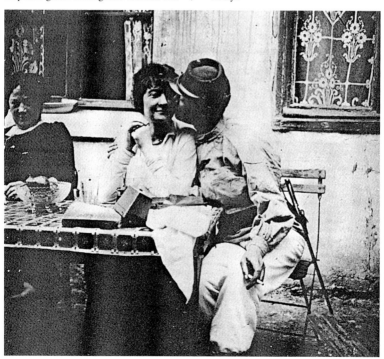

Etre en deuil

Le deuil fut un phénomène massif dans les sociétés belligérantes, et ce dès le début de la guerre, compte tenu de l'immensité des pertes au cours des premiers mois de combat. Pour chaque soldat tué, on compte presque toujours près d'une dizaine de proches en deuil. Ce deuil de masse reste un phénomène mal connu des historiens, et d'ailleurs difficile à appréhender dans sa dimension intime, mais il paraît certain qu'il a modifié durablement la relation des Européens à la guerre et à la mort au combat.

Cette prière a été composée par une grand-mère après la mort de son petit-fils, Maurice Gallé, tué à vingt ans dans la Somme en septembre 1916. Elle fut ensuite inscrite sur les portes d'un reliquaire placé dans la chambre du disparu, et lue chaque jour.

A mon Dieu.

Pour les vingt années de bonheur
que vous m'avez données par
mon cher petit-fils
Je vous remercie Seigneur.

Pour sa douce Enfance
Pour son aimable
Adolescence
Pour sa belle et pure Jeunesse
Je vous remercie Seigneur.

Pour ses deux années de Droit
où j'ai joui de sa présence
où j'ai eu le bonheur de goûter
mille joies intimes dont Il était
la cause
Je vous remercie Seigneur.

Pour le courage qu'il a eu quand
il a quitté sa chère maison
le 16 [décem]bre 1914, ne sachant quand
il y reviendrait, laissant sa
maman si malade et trouvant
à Paris sa bonne grand-mère
morte
Je vous remercie Seigneur.

Pour les qualités de toutes sortes
Qui l'ont fait estimer et aimer
de tous, Chefs et soldats dans
sa nouvelle carrière
Je vous remercie Seigneur.

Pour la joie qu'il a eue de
revenir en permission dans
sa chère maison Noël 1915

et 1er janvier 1916
Je vous remercie Seigneur.

Parce que dès 1915 après l'attaque
de Septembre en Champagne
il a envisagé que vous pourriez
lui demander le sacrifice de
sa vie et parce qu'il l'a accepté
Je vous remercie Seigneur.

Parce qu'il lui a été donné de
prendre part à l'apothéose
de l'année et de ses poilus le
14 juillet 1916 et parce qu'il
a vibré d'enthousiasme avec la foule
Je vous remercie Seigneur.

Parce que le 25 septembre 1916
Il s'est offert pour une mission
particulièrement dangereuse et
qu'il est tombé en magnifique officier
français en pur chevalier
chrétien
Je vous remercie Seigneur.

Parce qu'il a exalé *[sic]* son âme
Sainte par un temps radieux
comme il l'aimait
Je vous remercie Seigneur.

Parce que vous avez permis
que nous ayons des détails
précis sur ses derniers instants
et que nous savons qu'il
n'a pas souffert
Je vous remercie Seigneur.

Parce qu'il est tombé en terre française
Parce que nous avons pu retrouver
sa tombe et arroser de nos larmes
la terre sacrée qu'il a arrosée de son sang
Je vous remercie Seigneur.

Parce que son sacrifice
et celui de ses frères d'armes
a sauvé la France et l'a
mise au premier rang des Nations
En sauvant avec elle l'Univers entier
Je vous remercie Seigneur.

Parce que vous lui avez accordé
la plus belle mort et ouvert
votre paradis où je l'imagine
comme un Saint
Je vous remercie Seigneur.
AMEN.

Musée Gallé, Creil

Bien des familles connurent des deuils multiples. Ce texte est tiré du journal intime d'une mère en deuil, originaire de Roanne, profondément catholique, qui perdit deux de ses fils à la guerre et dont le troisième fut grièvement blessé.

Roanne, le 13 décembre 1914

Trois mois aujourd'hui et toujours rien de mon pauvre Maurice. Nous avons fini une Neuvaine pour lui le 8 décembre, tous nous avons communié et nous continuons de prier… et toujours rien ! Et pourtant nos angoisses n'ont pas diminué et notre courage est le même et nous avons toujours la même confiance ! Dieu ne peut pas nous tromper et sa Volonté est au-dessus de tout. Que peut-il arriver qu'il n'ait voulu ou permis pour notre bien !

15 décembre

Reçu hier deux pauvres petits paquets de chocolat envoyés à mon pauvre Maurice quand nous le croyions encore sur le front… J'ai eu aussitôt la vision d'autres paquets que nous recevrons peut-être un jour et qui ne laisseront plus place à aucun espoir… J'ai refoulé mes larmes, les enfants étant là. Et puis de l'espoir, j'en aurai jusqu'au bout, j'en veux avoir jusqu'à preuve certaine… mais que les jours sont longs… Ils ne sont pas tristes pourtant ! Chacun domine ses angoisses et pour celui qui nous voit en passant, on pourrait croire que nos n'avons pas de cœur. Dieu sait pourtant si nous pensons à lui et si nous le prions pour que rien ne lui soit arrivé. Ah ! le pauvre enfant ! Que pourra-t-on faire pour fêter son retour, si on le retrouve !

28 décembre 1914

Il n'y a plus d'espoir possible, nous avons l'acte de décès de mon pauvre enfant !

20 janvier 1915

Les jours se passent à penser à lui et à mon pauvre Maurice dont le souvenir si bon, si doux, ne vous quitte pas. M. C. a continué ses recherches, il écrit à la date du 10 janvier une longue lettre… C'est bien en montant à l'assaut, sur la crête du plateau de Mourron, sur le chemin même qu'il a été blessé, ainsi que nous l'avait dit son camarade Giraud ; mais ce n'est pas d'une balle à l'épaule, soit légèrement hélas ! Il a été frappé en pleine poitrine de deux balles… Il donne l'adresse d'un soldat M., soigné à Angers, qui aurait recueilli ses dernières paroles ; je lui ai écrit aussitôt, puisse-t-il me dire qu'il n'a pas trop souffert ! Ce sont ces heures affreuses qu'il a passées tout seul à mourir, qui me torturent, qui me déchirent le cœur ! Comme il a dû penser à nous, pauvre petit, lui dont le cœur était si tendre, si affectueux, si bon, et qui m'aimait si profondément ! Pauvre petit : que je m'étonne de l'angoisse dans laquelle je me suis réveillée un matin, entre le 13 et le 17 septembre. Tristesse, angoisse, qui m'ont épouvantée sur l'heure, mais contre laquelle j'ai voulu réagir… Comme je regrette de ne l'avoir pas notée, peut-être saurais-je maintenant à quelle heure mon enfant est mort, car pour moi il mourait ou il venait de mourir, quand je me suis trouvée l'âme si triste, ce matin, que je me disais : «Mais qu'est-ce que cette angoisse et pourquoi suis-je si triste !…» Hélas, comme tout cela s'éloigne, déjà plus de 4 mois. Mais son souvenir est toujours aussi vivant, et je voudrais qu'il le fut toujours constant. C'est si triste de penser que sans oublier ses morts, on arrive à moins souffrir. Et pourquoi souffre-t-on, n'est-ce pas de l'égoïsme, n'est-ce pas nous que nous pleurons. […]

                 Jour de Pâques, 4 avril 1915

23 ans aujourd'hui que ma pauvre mère est morte ! Dans quelle désolation cette mort nous avait tous plongés. Pâques ne fut pas gaie cette année, elle tombait le 17. Pâques ne l'est pas davantage en cette triste année 1915. Comment nos cœurs seraient-ils à la joie au milieu de tant de deuil, de tant d'angoisses ! Ce qui domine nos deuils c'est cette pensée de la Résurrection ! J'ai prié le Divin Maître de faire entrer beaucoup de nos braves soldats dans sa gloire, tous si cela se peut. Il est si bon et ils ont tant souffert ! Que mon pauvre Maurice bien aimé, que je pleure si souvent en silence, qu'il soit au Ciel aussi : et qu'il y prie pour nous tous !

Au-dessus de nos angoisses doit planer l'espérance, l'espoir de revoir bientôt tous ceux qui nous ont quittés et qui vivent sans cesse en face de la mort ! et l'espérance de retrouver un jour ceux qui nous ont devancés dans l'éternelle patrie !

Extraits du journal intime de Madame R…,
Etudes et documents n° 33, 1993,
Centre de recherches ethnologiques du musée Alice Taverne, Ambierle, 1993

Des enfants dans la guerre

Les enfants n'ont pas été tenus à l'écart du conflit, bien au contraire : les enjeux de la guerre étaient perçus comme trop élevés par le monde adulte pour que les enfants puissent échapper aux différentes formes de «mobilisation» morale. Les lectures, l'enseignement, la prière, ont ainsi été profondément affectés par le contexte guerrier. Inversement, il est vrai, les enfants eux-mêmes ont bien souvent devancé les attentes du monde adulte à leur égard.

L'ENFANT YVES CONGAR

JOURNAL DE LA GUERRE 1914 - 1918

Anaïs Nin, alors âgée de onze ans, tient en français son journal depuis qu'elle a quitté l'Europe pour New York en juillet 1914. La guerre y tient une grande place. Elle s'y incarne en enfant héroïque, et, dans ce texte de janvier 1915, en une nouvelle Jeanne d'Arc.

25 janvier

Me voici de nouveau, toujours la vie ordinaire. Mes efforts sont couronnés par de petits succès qui me mettent en joie. Ah, combien ferais-je pour faire plaisir à maman et papa. Mon piano je ne l'aime pas, et pourtant si c'est maman qui me donne la leçon alors je m'y mets avec beaucoup de plaisir. Maintenant maman a trouvé une accompagniste. En entrant et quand maman m'a présentée comme une Française, elle a dit : «Oh, j'adore la France et les Français.» Cela m'a fait plaisir, aussi je la trouve très sympathique ; seulement pour cela, car en général je déteste les Américains et les Américaines. Ah combien je désire être en France, cela ne me ferait rien de partager sa douleur et ses larmes ; cela me serait plus doux là-bas puisqu'ici je le fais quand même.

Maman chante, cela me rend très triste car je me rappelle quand Papa l'accompagnait, puis je pense à Bruxelles, à ma patrie bien-aimée, je pense à la guerre qui désole l'Europe, surtout la France et la Belgique, et tout cela me fait pleurer, mais aujourd'hui j'ai refoulé mes larmes et je continue. Il m'a pris le désir de devenir garde-malade ou quelque chose qui me mène en France. J'aimerais devenir un homme pour pouvoir porter les armes. Oh, combien de choses j'aimerais être, car j'envie aussi la place des saintes sœurs gardes-malades des soldats, ah, comme je changerais avec cette place, mais hélas je suis trop petite et je dois me retirer loin de ces illusions. C'est la musique qui me rend triste et ces pages seront ainsi. Je vais tâcher de me distraire. Hier soir j'ai rêvé tantôt du piano lent comme une berceuse, puis le chant triste et languissant, puis la harpe, de sons tristes, harmonieux et doux, puis la guitare avec une faible voix, je me suis réveillée en pleurant mais je me suis rendormie et j'ai rêvé que je sauvais la France, que Jeanne d'Arc était avec moi et qu'elle chantait : Allons, Anaïs, sauve la France puisque tel est ton désir, et je m'élance, un quart d'heure après toutes les villes criaient : Victoire ! Vive la France ! Vive Jeanne d'Arc qui a donné la force à Anaïs ! Ah, comme j'étais heureuse, si cela était vrai ! Vaines illusions, moi une fille, moi si petite sauver la France, ce sont des choses aussi sottes que moi malheureusement. Je termine.

Anaïs Nin,
Journal d'enfance, 1914-1919,
Stock, 1979

Le futur cardinal Yves Congar, âgé de dix ans en 1914, vécut pendant toute la guerre en pays occupé, dans les Ardennes.
Le 25 août 1914, il note dans son journal l'arrivée des Allemands à Sedan. C'est un véritable traumatisme, dont il a gardé toute sa vie le souvenir. La syntaxe et l'orthographe originales sont ici respectées.

Mardi 25 août 1914
Ici commence une histoire tragique, c'est une histoire triste et sombre qui est écrite par un enfant qui a toujours au cœur l'amour et le respect pour sa patrie et la haine juste et énorme contre un peuple cruel et injuste.

Mardi ! Mardi cruel et jour de souffrance
fait sonner doublement l'heure du maléfice

UN PETIT ÉCOLIER DE REIMS

Français saluant

Quant-est-ce viendra le jour de la délivrance
qui pourra mettre au cœur la joie et l'artifice.

Nous étions entreint de nous lever lorsque survient mère qui me dit : Vonet Vonet il faut ranger tes soldats les Allemands ne sont pas loin malheureusement, c'était vrai car je sors après les avoir rangé, j'entend une fusillade et je vois en l'air un aéroplane je rentre et à peine rentré, quand on tirait encore surviennent les grands : les voilà les voilà, ils nous suivent, je vais voir à la salle à manger, j'ouvre la fenêtre, les Hulans étaient en train de tourner de l'avenue au quai, puis on entend la porte, c'est Tere à ce moment venaient de passer, suivant une voiture chargée de cartouches de dynamitte une 30aine d'hommes du génie.

les Hulans reviennent Oh les Rosses ils passent devant la fenêtre, on entend un commandement guturale : aarrarrrncharr ; s'arrêtent se mettent en ligne pour aller à la gare lorsqu'entendant la fusillade du génie de place d'Alsace se retourne chargent plusieurs tombent et l'on entend un pouf et même 2 énorme, 2 chevaux tombaient morts devant la fenêtre les balles sifflent dans les 2 sens les français tirent beaucoup tous les Hulans tombent morts 6 cheveaux dans le quartier et 2 Hulans 1 Français. ver 9 Heures le canon commence à la marfée les boche sont postés à Fond de Givonne 12 batteries à Iges 2 batteries et un peu partout (une batterie Boche : 5 canons) (une Française : 4) le canon tonne toujours la mitrailleuse et le fusil on va

Un combat en Ar gonne

voir à la salle et l'on entend des Boche qui donne des coups de crosse dans la porte à Mr Benoît pour voir s'il n'y avait pas de troupe et mesure de précaution ils fusillent le chien de Mr Benoit et de Mr Dupont pour ne pas qu'en aboyant ils préviennent les Français des patrouilles Alleboches – une autre fois on entent le long de notre mur une patrouille puis en Français : silence !! à midi on n'a pas très faim cela nous a serré l'estomac, notre chien n'en n'a pas mangé. l'après midi le canon tonne toujours aussi fort les Français tirent beaucoup

> le canon tonne et retonne.
> tue des hommes et fait la
> frayeur
> sans arrêter le canon donne
> des pruneaux pour les
> amateurs

la première infanterie allemande passa, le canon tonnait toujours, vers 5 heures l'anxiété devint énorme, les ponts sautaient, c'était formiadabe, Père a pourtant dèja vu 70, il sait ce que c'est he bien il se demande si ce n'était pas la ville qui sautait (9 coups) les Français, derrière le pont de la gare sauté avaient pris des balles de laines de chez Mr Stackler et tiraient de derrière si bien que les balles et les obus restaient dans la laine molle et eux tiraient extrêmement bien ils firent là aux allemands une perte de 40 hommes et malheureusement un civil fut tué par ?…, vers 6 heures le génie Français brule la maison de Mme Stackler. Mais les Allemands, le Boches les canailles les voleurs les assassins le incendiaires brulaient : Notre église à la main Givonne, la chapelle Fond de Givonne Glaire à la main longwy Longyon à la main, Donchery aux fusées incendières et beaucoup d'autres encore.

L'enfant Yves Congar,
Journal de la guerre, 1914-1918,
Le Cerf, 1997

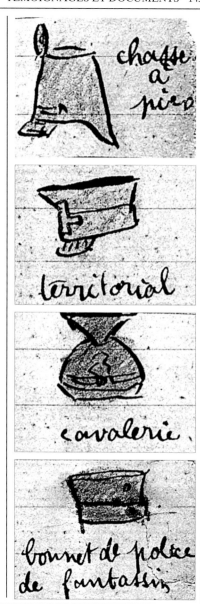

Les grandes attentes de 1914-1918

Les contemporains ont su donner du sens au conflit qu'ils traversaient. De grandes attentes «civilisatrices» en ont procédé, permettant, en particulier, de lire le conflit comme un affrontement entre civilisation et barbarie. De la victoire de la première devait naître d'ailleurs un monde meilleur, débarrassé de la guerre. Ces grandes attentes, de type presque millénariste, ont constitué une véritable eschatologie de la Première Guerre mondiale.

Ce discours d'Albert Sarraut, alors ministre de l'Instruction publique, prononcé à l'occasion de la rentrée des classes du lycée de Bordeaux le 3 octobre 1914, exprime parfaitement, sous la forme de métaphores religieuses surprenantes chez ce radical anticlérical, une lecture répandue de l'affrontement de la France et de l'Allemagne.

C'est bien, cette fois encore, contre la bête humaine en arrêt d'évolution, c'est contre le Hun des âges abolis, qui a changé d'armure sans changer de conscience, oui, c'est bien contre le vandale resté le même après quinze siècles de progrès humain que, comme le chevalier étincelant de jadis, la France latine a tiré l'épée. C'est, de nouveau, le choc violent de la civilisation et de la barbarie, la lutte de la lumière et de l'ombre. La horde vile retourne au blasphème impie des clartés. Surtout, c'est au rayonnant génie français qu'insulte sa pire fureur. La haine allemande pour la France est celle de la chose qui rampe contre la chose qui éblouit, la haine du reptile pour l'étoile. Elle hait, dans l'âme française, le reflet le plus pur de la conscience universelle. Elle hait, d'une férocité jalouse, sa science, sa culture, son esprit, son cœur, sa tradition. Sa tradition avant tout ! Car elle sait que la France est la Nation-lumière. Elle est la gloire du patrimoine humain et la seconde patrie de tout homme qui pense. Son domaine est la glèbe élue des moissons dont s'est nourrie la pensée des peuples. Toutes les grandes idées qui ont transfiguré l'âme et le visage du monde ont jailli sur son sol. Elle est la terre classique de l'idéalisme, de la chevalerie, de la bonté, de l'altruisme. Elle a éclairé toutes les routes obscures du progrès. Elle a tracé les chemins de toutes les nobles croisades. Son génie, immuable parmi le mouvement des âges et la diversité de l'histoire, obéit éternellement aux mêmes inspirations de générosité, qu'il aille, à travers la nuit de l'époque médiévale, délivrer la primitive douceur du rêve d'amour et de fraternité enclos aux murs du Saint-Sépulcre, ou qu'il aille, à l'aurore des temps modernes, régénérer le vaste univers en apportant aux multitudes opprimées, dans le Verbe de la Déclaration des Droits de l'Homme, la magnifique espérance de l'Evangile du droit nouveau.

Albert Sarraut,
Discours pour la rentrée scolaire
au lycée de Bordeaux,
Bulletin administratif du ministère
de l'Instruction publique, 3 octobre 1914

Le jour de gloire

Le Progrès de Lyon *était un journal radical; pourtant, c'est une terminologie chrétienne qu'il utilise pour évoquer la victoire française. C'est un véritable millenium de bonheur terrestre que celle-ci semble promettre, non seulement aux Français, mais à l'humanité tout entière.*

Eblouissante, elle [la paix] surgit du plus vaste, du plus profond cataclysme qui ait secoué l'humanité. Chaque heure retentit d'un plus formidable écroulement, d'une clameur de liberté plus haute. Le vieux monde barbare craque de toutes parts […]. Les empires de proie se décomposent. Les opprimés s'agrègent. Chaque jour, un nouveau peuple naît à la conscience et à la liberté.

La plus sanglante tragédie qu'aient joué les hommes ennemis des hommes se dénoue soudain en cette apothéose inouïe.

Cette guerre a tué la guerre. Elle libère du même coup et les peuples qui deviennent nation, et le peuple de toute les nations. L'âge du canon est révolu. Aujourd'hui s'ouvre l'âge de la vie sacrée, l'âge social du génie humain, l'âge de la conscience de l'univers. […] La guerre est morte et c'est nous qui l'avons tuée. Fêtons en nous la plus belle fête de l'humanité. Que la fierté soulève nos poitrines. Enivrons-nous de l'unanime, de l'universelle joie ! Que tout soit pour nous noble, charmant, divin ! Elevons-nous au-dessus de nous-mêmes, plus haut, toujours plus haut, pour aspirer à plein cœur le souffle de renouveau qui purifie le monde et le régénère.

L'émouvant hommage des enfants de France aux morts de Verdun

Verdun, dès l'année 1916, a été l'emblème de la résistance française à l'Allemagne, et a ainsi focalisé le sens que les contemporains ont attribué au conflit. En 1930, la sacralisation est plus marquée encore.

Il n'est pas au monde de temple plus sacré ni plus tragique que cet ossuaire monumental qu'inaugurera aujourd'hui le Président de la République à Douaumont.

Sur une faible crête allongée, une colline pour tout dire, moins éminente sans doute que Sion, mais combien soudain plus émouvante, c'est l'autel où vont prier les vivants au milieu d'une assemblée de morts, de 700 000 morts.

Sur un front de 20 kilomètres 350 000 Français ont péri là, dont 250 000 en six mois… Autant d'Allemands, sans doute…

La terre de cette plaine sinistre est vraiment pétrie avec les os des morts, et on a dit, dans une image saisissante, qu'il est des places imprégnées de sang où, au jour de la résurrection, ils n'eussent pas pu tenir debout…

Il y a dix-huit ans depuis hier que quelques-uns – il faut croire à la responsabilité ou ne croire à rien – ont commis ce crime monstrueux dont les hommes n'ont su les punir, mais Dieu y pourvoira.

Aux hommes du moins appartenait un devoir impératif qui, depuis qu'ils sont sur terre, apparut comme le plus sacré de tous : la sépulture. La touchante Antigone paya de sa vie d'avoir inhumé son frère.

C'est du cœur même d'une nouvelle Antigone, la France, que fut bâti l'Ossuaire de Douaumont.

La renommée du carnage héroïque de Verdun y attira, aussitôt après la guerre, autant – il faut bien le dire – de touristes que de pèlerins.

Parmi ceux qui, vêtus de noir, erraient douloureusement dans la plaine, d'autres étaient comme les vautours immondes. On voudrait oublier leurs sacrilèges…

Sur nos frères nos parents, gisant affreux, on braquait kodaks et cameras, même on emportait leurs crânes pour faire des bibelots; d'aucuns, plus infâmes, y gravaient, dit-on, des mots : «Souvenirs».

On voudrait oublier…

Pour la plupart, venus d'un autre monde, ils étaient, ces «touristes», des sauvages…

Donc du cœur de la France jaillit, avec une protestation indignée, la volonté de rassembler tous ces restes épars en une sépulture digne de ceux à qui nous devons tout.

Du culte des morts en tant que morts, si l'on est sans foi, soit, on peut discuter; mais du soin qu'on leur doit : non.

Au début de 1920 quatre grands Français : Mgr Ginisty, évêque de Verdun, le maréchal Pétain, M. Schleiter, député de Verdun, et la princesse de Polignac se réunirent pour provoquer une souscription nationale.

Quelques-uns pensèrent tout d'abord – et parmi eux Henry de Montherlant, à qui nous empruntons ces détails – à transformer le fort même de Douaumont en ossuaire. L'idée était belle. Ce monument militaire dont les casemates eussent servi de tombeaux à des soldats, on ne pouvait rêver plus simple et plus grand. Mais le fort de Douaumont n'était pas déclassé. Un jour peut-être, hélas!…

Le lieu du monument fut donc choisi à l'emplacement de l'ancienne ferme de Thiaumont : sommet prédestiné, semble-t-il, dans le vaste cimetière, pour y veiller les morts.

Aussitôt on commença à recueillir les ossements dans la plaine. Dans une pieuse pensée, on ne voulut pas qu'ils fussent confondus, mais au contraire rassemblés en autant de caveaux que de secteurs dans le champ de bataille, et ceci pour permettre au pèlerin en deuil de prier sur une dalle particulière avec plus de chance d'être sur la tombe des siens.

Pour faire vraiment l'union sacrée dans la douleur «des diverses familles» spirituelles de la France, on décida aussi d'édifier à la fois une chapelle catholique et un temple protestant, des monuments israélite et musulman.

Et les souscriptions d'affluer diverses, mais presque toutes émouvantes infiniment : une mère donnait pour son fils mort, une autre pour son fils sauvé; beaucoup donnaient en mémoire de leurs camarades.

Cependant on avait fait provisoirement une baraque où les cercueils étaient rangés. Un prêtre ancien combattant en prit la garde et tous les matins, au milieu d'eux, pour eux, disait la messe.

Déjà l'humble et immense hangar devint un lieu de pèlerinage, on y venait de partout se recueillir, pleurer et penser.

«Je n'oublierai pas, écrit Montherlant dans le *Chant funèbre pour les Morts de Verdun*, son plus beau livre, non, je n'oublierai pas cette odeur de bois frais – odeur de baraquement, d'ambulance, odeur de guerre... – où se mêlait le parfum douceâtre des herbes fanées, tandis que le Pasteur des morts me racontait de quelle Légende Dorée son ermitage est devenu l'âme. Les trois petits enfants qui communièrent, sanglotant sur des pères qui n'étaient pas les leurs; la mère et la marraine qui vinrent ensemble; les deux mères qui, sur des lits de camps, passèrent la nuit au milieu des cercueils : ... ils ne savaient qu'un nom obscur sur la carte. On leur dit : "Tout ce qui a été retrouvé par là est dans cette bière." Les voici agenouillés devant le possible. Consolations étonnantes, je m'agenouille à mon tour devant vous.»

Quand la souscription atteignit le chiffre de 500 000 francs, le maréchal Pétain posa la première pierre de l'Ossuaire qui fut bénite par Mgr Ginisty.

Au cours de cette émouvante cérémonie, aucun discours ne fut prononcé; aussi bien l'éloquence eût-elle été vaine au milieu de cette assemblée des morts «les hommes silencieux».

Seulement, debout sur la crête, pour la foule des vivants, le vainqueur de Verdun refit l'histoire de l'extraordinaire épopée dont il fut le chef.

Puis en 1927 fut inaugurée, on s'en souvient, la première partie du monument.

Aujourd'hui, quatorze années après la bataille, la foule des Français viendra aussi nombreuse rendre un suprême hommage à ses héros.

De toute la France, et surtout, de toute la Lorraine, on viendra «prier».

Qui de nous n'a pas là-bas un parent, un ami, ou, simplement, un sauveur?

Après leur avoir rendu les derniers devoirs, ceux de l'enterrement, il nous en reste encore un auquel chez nous, on ne sait faillir : se souvenir et prier. Prier pour eux et les prier pour nous car ils sont des «saints» : recevoir leurs conseils et leurs ordres pour demain, car ils furent les plus grands Français.

Pierre Train

Le 18 septembre 1927, lors de l'inauguration de l'ossuaire de Douaumont (ci-dessus), seules la lanterne des morts et la partie centrale sont achevées. L'inauguration définitive n'aura lieu qu'en 1930.

Témoigner

Les témoignages ont été très nombreux après le conflit, comme si ses acteurs avaient voulu, dans une immense prise de parole collective, communiquer une expérience indépassable et aussi l'exorciser. A ce titre, aussi précieux soit-il, le témoignage combattant traduit un processus complexe de réinterprétation de la guerre au cours des années 1920 et 1930, les vétérans s'étant souvent érigés en historiens exclusifs – et parfois très normatifs – de leur propre expérience de guerre.

Ce discours public d'un vétéran du conflit est exceptionnel. Derrière la protestation pacifiste, banale dans les années 1930, son auteur s'y montre capable d'un aveu bouleversant sur le plaisir que, dans certaines circonstances, l'être humain le moins violent peut tirer de sa propre violence.

Tout récemment, dans un groupe de jeunes gens qui s'étaient réunis pour m'adresser des compliments, je disais : «Le héros est mort. L'invalide seul demeure. Voyez surtout en moi un homme qui n'a pu parcourir 500 mètres à pied depuis l'âge de 23 ans. Ne regardez jamais la guerre à travers cette atmosphère légendaire et romanesque tissée de galons et de décorations. Considérez-la avec vos yeux les plus réalistes, et vous ne verrez que ventres ouverts, figures en bouillie, membres déchiquetés, vos mamans qui pleurent, vos fiancées qui pleurent, des orphelins qui réclament leurs pères.» J'aurais pu ajouter autre chose et ceci m'amène à vous faire un aveu, un aveu qui m'en coûte et que peu de combattants, faute sans doute de savoir lire en eux-mêmes, se hasardent à articuler.

La guerre a fait de nous, non seulement des cadavres, des impotents, des aveugles. Elle a aussi, au milieu de belles actions, de sacrifice et d'abnégation, réveillé en nous, et parfois porté au paroxysme, d'antiques instincts de cruauté et de barbarie. Il m'est arrivé – et c'est ici que se place mon aveu – à moi qui n'ai jamais appliqué un coup de poing à quiconque, à moi qui ai horreur du désordre et de la brutalité, de prendre plaisir à tuer. Lorsque, au cours d'un coup de main, nous rampions vers l'ennemi, la grenade au poing, le couteau entre les dents comme des escarpes, la peur nous tenait aux entrailles, et cependant une force inéluctable nous poussait en avant. Surprendre l'ennemi dans sa tranchée, sauter sur lui, jouir de l'effarement de l'homme qui ne croit pas au diable et qui pourtant le voit tout à coup tomber sur ses épaules ! Cette minute barbare, cette minute atroce avait pour nous une saveur unique, un attrait morbide, comme chez ces malheureux qui, usant de stupéfiants, mesurent l'étendue du risque, mais ne peuvent se retenir de reprendre du poison.

A l'issue de la guerre, de retour dans mon village, dans mon joli village basque – et ici encore je rougis à l'idée de vous avouer cette abominable déformation intellectuelle, mais je veux être sincère jusqu'au bout – c'est avec des yeux de guerrier que je voyais nos ravissants paysages couverts de fleurs et de verdure. Ici, sur cette crête, un magnifique emplacement pour un groupe de combat ; là, un cheminement admirable pour surprendre l'ennemi ; plus loin, dans cet éperon, une position idéale pour une mitrailleuse. Ah, les belles vagues de tirailleurs ennemis qu'elle coucherait !

Partout, dans les cadres les plus poétiques, les plus reposants, l'obsession du combat, l'obsession du meurtre, l'obsession de la mort… Et c'est cette défloraison de l'âme que j'ai pardonné le moins facilement à la guerre.

Discours de nore camarade Brana, directeur d'école à Bayonne, à l'occasion de la remise de la rosette qui lui était faite, *Cahiers de l'Union fédérale*, 15 août 1936.
Cité par Antoine Prost, *Histoire sociale de la France au XXe siècle*, Cours IEP, FNSP, 1972-1973

Un Historial pour la Grande Guerre

Le département de la Somme a été dévasté par la guerre : 450000 hectares de terrains à déminer, 60 millions de mètres cubes de tranchées, de trous d'obus à combler, plus de 36 000 habitations détruites. Le projet d'un lieu de mémoire sur le conflit s'y imposait. L'Historial de la Grande Guerre de Péronne voit le jour en 1992. Son originalité profonde est de proposer une histoire comparée du conflit. Objets du front et de l'arrière, lettres, affiches, cartes postales, souvenirs personnels restituent la vie des soldats et des civils des trois principaux pays belligérants : France, Allemagne et Royaume-Uni.

Un regard neuf et international sur la Première Guerre mondiale

L'idée de créer dans la Somme, sur les lieux de combats célèbres, un musée consacré à la Première Guerre mondiale, et plus précisément à Péronne, est émise en 1986 par Max Lejeune, ancien ministre des Anciens Combattants et président du Conseil général de la Somme. Une étude de conception réalisée en 1986-1987, puis développée par le comité scientifique mis en place, démontre la nécessité de présenter cette guerre d'une façon nouvelle, en comparant les trois pays belligérants, l'Allemagne, le Royaume-Uni et la France.

L'architecture de l'Historial fut confiée à Henri-Edouard Ciriani, retenu lors du concours de 1987; l'aménagement muséographique, mené en parallèle, fut réalisé par Adeline Rispal de l'agence Repérages. La réussite du projet, après six ans d'ouverture au public (août 1992), est évidente : plus de 70 000 visiteurs par an, une renommée sans cesse croissante, des publications d'ouvrages, des colloques, des expositions, des contacts dans le monde entier et des actions menées hors de la Somme, confirment une politique d'action culturelle tournée vers l'Europe.

Les collections d'objets, de documents et d'œuvres d'art (15000 environ), fruit d'une politique d'acquisition ambitieuse et volontariste, illustrent en quatre salles l'évolution de la Grande Guerre. Chaque salle est conçue de la même manière :
– au centre, l'évocation du front, symbolisé au sol par des fosses en marbre blanc.
– à la périphérie des salles, dans des vitrines à trois niveaux (un pour chaque pays), la vie des populations civiles à l'«arrière».

Les combattants des trois nations allemande, britannique et française sont représentés non seulement avec leurs effets régimentaires, mais aussi des objets plus intimes (livre de prière, nécessaire à couture, crucifix réalisé avec des douilles...) Les thèmes de l'armement, du développement de technologies nouvelles (chars, aviation, gaz...) voisinent avec l'univers médical (matériels chirurgicaux, prothèses...).

Différents thèmes sont ainsi déclinés : le travail des femmes, la propagande, le deuil, les enfants, l'économie de guerre, le souvenir...

Une salle intitulée «veillée de guerre», située au cœur du musée, confronte de grands portraits d'hommes, de femmes et d'enfants du monde entier qui tous seront impliqués dans le conflit, avec les cinquante eaux-fortes d'Otto Dix (*Der Krieg*) qui témoignent de l'horreur de la guerre. Un film de 20 minutes illustrant les premiers jours de la bataille de la Somme racontée par un vétéran britannique, Harry Fellows, restitue l'aspect vécu du conflit.

Outre un centre de documentation accessible à tous, riche de centaines d'ouvrages et de périodiques internationaux traitant de cette période, le musée est doté d'un service éducatif. Plusieurs enseignants détachés par le rectorat assurent le lien avec les différents cycles scolaires, autour des principales disciplines concernées : histoire, langues, arts plastiques, littérature.

Le centre de recherche, créé en 1989, regroupe des historiens de nombreux pays, anime des colloques et assure à l'Historial sa cohérence historique. L'Historial organise régulièrement des expositions (affiches de la Grande Guerre, dessins de guerre de Fernand Léger, camouflages...) et propose la visite du «circuit du souvenir» (principaux sites des batailles de la Somme en 1916), complément indispensable aux visiteurs.

Historial de la Grande Guerre
de Péronne
Château de Péronne - BP 63
80201 Péronne Cedex
Tél. : 03 22 83 14 18 - Fax : 03 22 83 54 18
Ouvert de 10 h à 18 h tous les jours
Fermé le lundi du 1er octobre au 30 avril
Fermeture annuelle : mi-déc.-mi-janvier

CHRONOLOGIE

1912
8 oct.-3 déc. Première guerre balkanique.

1913
29 juin-10 août Deuxième guerre balkanique.
19 juil.-5 août Vote de la loi portant le service militaire de deux à trois ans en France.

1914
28 juin Assassinat de l'archiduc héritier d'Autriche, François-Ferdinand, à Sarajevo.
23 juil. Ultimatum de l'Autriche-Hongrie à la Serbie.
28 juil. Déclaration de guerre de l'Autriche-Hongrie à la Serbie. L'artillerie austro-hongroise ouvre le feu sur Belgrade.
29 juil. Réunion du Bureau socialiste international à Bruxelles.
30 juil. Mobilisation générale en Russie.
30-31 juil. Dans la nuit, ordre de mobilisation générale en Autriche-Hongrie.
31 juil. Assassinat de Jean Jaurès à Paris.
1er août Mobilisation générale en Allemagne et en France (vers 16 heures). Déclaration de guerre de l'Allemagne à la Russie (19 heures).
2 août Ultimatum de l'Allemagne et entrée des troupes allemandes en Belgique.
3 août Déclaration de guerre de l'Allemagne à la France.
4 août Déclaration de guerre du Royaume-Uni à l'Allemagne.
19-23 août Echec de l'offensive française en Lorraine.
20 août Entrée des troupes allemandes dans Bruxelles. Mort de Pie X.
22-24 août Défaite franco-anglaise dans les batailles de Charleroi et de Mons.
26 août Formation d'un gouvernement d'Union sacrée en France.
26-30 août Bataille de Tannenberg.
2 septembre Départ du gouvernement français de Paris vers Bordeaux.
3 sept. Prise de Lemberg (Lvov), capitale de la Galicie autrichienne, par les Russes. Election du pape Benoît XV.
6-9 sept. Bataille de la Marne.
14 sept. Remplacement de Moltke par Falkenhayn à la tête de l'armée allemande (deuxième haut-commandement).
17 sept.-17 nov. Course à la mer.
1er nov. Entrée de la Turquie dans la guerre aux côtés des Puissances centrales.
8 déc. Destruction d'une flotte allemande aux îles Falkland.
15 déc. Reprise de Belgrade par les Serbes.

1915
15 févr.-18 mars Offensive française en Champagne.
19 févr. Début de l'opération des Dardanelles.
22 avril Utilisation pour la première fois des gaz asphyxiants par les Allemands en Flandre.
Mai Formation d'un gouvernement d'Union nationale dirigé par Asquith en Angleterre.
7 mai Torpillage du paquebot britannique *Lusitania*.
23 mai Entrée en guerre de l'Italie aux côtés des Alliés.
4 août Occupation de Varsovie par les Allemands.
5-8 sept. Conférence socialiste internationale de Zimmerwald.
5 oct. Début du débarquement d'un corps expéditionnaire allié à Salonique. Entrée en guerre de la Bulgarie aux côtés des Puissances centrales.
6 oct. Début de l'offensive germano-austro-bulgare contre la Serbie.
29 oct. Démission du gouvernement Viviani en France, remplacé par un gouvernement Briand.
19 déc. Remplacement de French par Haig à la tête du Corps expéditionnaire britannique.

1916
8-9 janv. Départ des dernières troupes alliées des Dardanelles.
21 févr. Début de la bataille de Verdun.
9 mars L'Allemagne déclare la guerre au Portugal.
20-24 avril Conférence socialiste internationale de Kienthal.
15 mai Début de l'offensive autrichienne dans le Trentin (*Strafexpedition*, expédition de punition).
31 mai-1er juin Bataille navale du Jutland.
4 juin Début de l'offensive Broussilov sur le front russe.
1er juil. Début de la bataille de la Somme.
20 août Entrée en guerre de la Roumanie aux côtés des Alliés.
29 août Constitution par Hindenburg et Ludendorff du troisième haut-commandement allemand.
15 sept. Première utilisation de chars d'assaut par les Anglais.

18 nov. Fin de la bataille de la Somme.
21 nov. Mort de l'empereur François-Joseph remplacé par Charles Ier.
3 déc. Lloyd George, premier ministre en Angleterre.
6 déc. Prise de Bucarest par les Allemands.
18 déc. Fin de la bataille de Verdun.
25 déc. Nomination de Joffre comme maréchal de France, remplacé par Nivelle à la tête de l'armée française.

1917

Janv. Premier mouvement important de grèves en France.
31 janv. Début de la guerre sous-marine totale.
8-12 mars (23-27 févr., ancien calendrier) Première révolution russe.
15 mars (2 mars, ancien calendrier) Abdication de Nicolas II.
2 avril Entrée en guerre des Etats-Unis.
16 avril Offensive du Chemin des Dames. Arrivée en Russie de Lénine venant de Suisse.
17 avril Premier refus collectif d'obéissance dans l'armée française.
15 mai Remplacement de Nivelle par Pétain à la tête de l'armée française.
13 juin Arrivée en France du général Pershing, commandant du corps expéditionnaire américain.
29 juin Entrée de la Grèce dans la guerre aux côtés des Alliés.
1er juil. Offensive Broussilov.
13 juil. Démission du chancelier Bethmann-Hollweg en Allemagne, remplacé par Michaëlis.
16 juil.-10 nov. Bataille de Passendale (3e bataille d'Ypres).
19 juil. Motion en faveur de la paix votée par la majorité du *Reichstag*.
15 août Note pontificale pour le rétablissement de la paix.
9 sept. Echec de la tentative de conférence socialiste internationale à Stockholm.
24 oct. Début de la bataille de Caporetto.
30 oct. En Italie, Orlando, président du Conseil.
6 nov. (24 octobre, ancien calendrier) Révolution bolchevik en Russie. Lénine au pouvoir.
16 nov. Formation du gouvernement Clemenceau.

1918

8 janv. Message du président des Etats-Unis Wilson, au Congrès. Les *14 Points*.
14-21 janv. Grèves en Autriche-Hongrie.
28 janv. Début de grèves en Allemagne.
3 mars Signature du traité de Brest-Litovsk.
21 mars Offensive allemande en Picardie.

23 mars Début des bombardements de Paris par la *Grosse Bertha*.
9 avril Offensive allemande en Flandre.
14 avril Réalisation du commandement unique du côté allié en faveur de Foch.
Mai Grèves massives en France.
27 mai Offensive allemande sur le Chemin des Dames.
15 juil. Offensive allemande en Champagne (*Friedensturm*).
18 juil. Contre-offensive franco-américaine. Deuxième victoire de la Marne.
8 août Attaque franco-britannique dans la région de Montdidier. "Le jour de deuil de l'armée allemande".
15 sept. Offensive de l'armée d'Orient.
26 sept. Début de la contre-offensive générale sur le front occidental.
29 sept. Signature d'un armistice par la Bulgarie.
Oct. Début de l'épidémie de grippe espagnole.
4 oct. Demande d'armistice par l'Allemagne auprès du président des Etats-Unis.
24 oct. Victoire italienne de Vittorio-Veneto.
31 oct. Signature de l'armistice de Moudros par la Turquie.
3 nov. Signature de l'armistice de Villa-Giusti par l'Autriche-Hongrie.
9 nov. Abdication de l'empereur Guillaume II. Proclamation de la République à Berlin. Démission du chancelier Max de Bade en faveur du socialiste Ebert.
11 nov. Signature de l'armistice par l'Allemagne.
12 nov. Proclamation de la République en Autriche.
14 nov. Proclamation de la République en Tchécoslovaquie.
17 nov. Proclamation de la République en Hongrie.

1919

5-11 janv. Insurrection spartakiste à Berlin.
18 janv. Ouverture de la Conférence de la Paix.
28 juin Signature du traité de Versailles.
14 juil. Défilé de la victoire à Paris.
10 sept. Traité de Saint-Germain-en-Laye avec l'Autriche.
27 nov. Traité de Neuilly-sur-Seine avec la Bulgarie.

1920

4 juin Signature du traité du Trianon avec la Hongrie.
10 août Traité de Sèvres avec la Turquie auquel fut substitué le traité de Lausanne (24 juil. 1923).
11 nov. En France, le «Soldat inconnu» à l'Arc de Triomphe.

FILMOGRAPHIE

Le cinéma, né quelques années avant la guerre, a eu un rôle très important dans sa représentation depuis quatre-vingts ans. Devenu industrie, il a eu le pouvoir de montrer des images de guerre à des millions de spectateurs à travers le monde, formant et déformant les perceptions à travers le siècle.

• Muet pendant la guerre, le cinéma a surtout diffusé des films d'actualité qui se voulaient propagande, mais très rapidement des metteurs en scène de fiction ont fait découvrir une vision très différente de la guerre, entre drame et humour.
- *Charlot soldat*, Charlie Chaplin, 1919.
- *J'accuse*, Abel Gance, 1919 (remake en 1937).
- *Les Quatre Cavaliers de l'Apocalypse*, Rex Ingram, 1921.

• A partir de la fin des années 1920, le cinéma de fiction, qui oscille entre apologie de l'héroïsme à la guerre et pacifisme, a paradoxalement mieux fait connaître le front que ne le pouvait le cinéma d'actualité, très limité par la technique et la censure.
- *Verdun, vision d'histoire*, Léon Poirier, 1927
- *A l'ouest rien de nouveau*, Lewis Milestones, 1930. (D'après le roman d'Erich Maria Remarque.)
- *Quatre de l'infanterie*, G. W. Pabst, 1931.
- *Douaumont*, Heinz Paul, 1931.
- *Les Croix de bois*, Raymond Bernard, 1931. (D'après le roman de Roland Dorgelès.)
- *L'Adieu aux armes*, Frank Borzage, 1932. (D'après le roman d'Ernest Hemingway.)
- *Les Chemins de la gloire*, Howard Hawks, 1936.
- *La Grande Illusion*, Jean Renoir, 1937.
- *Sergent York*, Howard Hawks, 1941.

• Dans les années 1950 et 1960, l'influence des guerres de décolonisation puis de celle du Viêtnam donne naissance à une série de films très antimilitaristes et pacifistes.
- *Les Sentiers de la gloire*, Stanley Kubrick, 1957.
- *Pour l'exemple*, Joseph Losey, 1964.
- *Les Hommes contre*, F. Rossi, 1970.
- *Johnny s'en va-t-en guerre*, Dalton Trumbo, 1971.

• Depuis les années 1980, la Grande Guerre retrouve une présence sur les écrans, le poids du deuil sur toutes les sociétés est particulièrement montré.
- *Gallipoli*, Peter Weir, 1982.
- *La Vie et rien d'autre*, Bertrand Tavernier, 1989.
- *Capitaine Conan*, Bertrand Tavernier, 1996.

BIBLIOGRAPHIE

Etudes d'ensembles
- J.-J. Becker, *L'Europe dans la Grande Guerre*, Belin, 1996.
- P. Renouvin, *La Crise européenne et la Grande Guerre*, PUF, 1962.
- *Les Sociétés européennes et la guerre de 1914-1918* (sous la dir. de J.-J.Becker et S. Audoin-Rouzeau), Paris X-Nanterre, 1990.
- J.-M. Winter, *L'Eclatement d'un monde. La Première Guerre mondiale*, Sélection du Reader's Digest, 1990.
- J. M. Winter, B. Baggett, *The Great War and the Shaping of the 20th Century*, Penguin Studio, 1996.

Sur le combat et les combattants
- S. Audoin-Rouzeau, *14-18, Les Combattants des tranchées*, Armand Colin, 1986.
- S. Audoin-Rouzeau, *L'Enfant de l'ennemi, 1914-1918*, Aubier, 1995.
- G. Canini, *Combattre à Verdun*, PUN, 1988.
- S. Delaporte, *Les Gueules cassées. Les Blessés de la face de la Grande Guerre*, Noêsis, 1996.
- J. G. Fuller, *Troop Morale and Popular Culture in the British and Dominion Armies, 1914-1918*, Clarendon Press, 1990.
- G. Pedroncini, *Les Mutineries de 1917*, PUF, 1967.

Sur les fronts intérieurs
- C. Bard, *Les Filles de Marianne*, Fayard, 1995.
- J.-J. Becker, *Les Français dans la Grande Guerre*, Robert Laffont, 1980.
- J.-J. Becker, *1917 en Europe. L'Année impossible*, Complexe, 1997.
- J. Horne (éd.), *State, Society, and Mobilization in Europe during the First World War*, Cambridge University Press, 1997.
- V. Molinari, *Le Vote des femmes et la Première Guerre mondiale en Angleterre*, L'Harmattan, 1996.
- F. Thébaud, *La Femme au temps de la guerre de 1914*, Stock, 1986.
- R.Wall, J. Winter (éds), *The Upheaval of War. Family, Work and Welfare in Europe, 1914-1918*, Cambridge, 1988.
- J. M. Winter, *The Great War and the British People*, Macmillan, 1986.

Sur la «culture de guerre»
- S. Audoin-Rouzeau, *La Guerre des enfants (1914-1918)*, Armand Colin, 1993.
- A. Becker, *Oubliés de la Grande Guerre. Humanitaire et culture de guerre. Populations occupées, déportés civils, prisonniers de guerre*, Noêsis, 1998.
- J.-J. Becker, *La France en guerre, 1914-1918. La Grande Mutation*, Complexe, 1988.
- R. Burns, *Images de la Première Guerre mondiale*, Presses de la Cité, 1992.
- *Guerre et cultures (1914-1918)* (sous la dir. de J.-J. Becker *et alii*), Armand Colin, 1994.
- Ph. Dagen, *Le Silence des peintres. Les Artistes face à la Grande Guerre*, Fayard, 1996.
- M. Eksteins, *Le Sacre du printemps. La Grande Guerre et la naissance de la modernité*, Plon, 1991.
- Ch. Prochasson, A. Rasmussen, *Au nom de la patrie. Les Intellectuels et la Première Guerre mondiale (1910-1919)*, La Découverte, 1996.
- L. Rasson, *Ecrire contre la guerre : littérature et pacifismes, 1916-1938*, L'Harmattan, 1997.
- K. E. Silver, *Vers le retour à l'ordre. L'Avant-Garde parisienne et la Première Guerre mondiale*, Flammarion, 1991.

Sur guerre et religion
- A. Becker, *La Guerre et la Foi, 1914-1930*, Armand Colin, 1994.
- N. J. Chaline, *Chrétiens dans la Première Guerre mondiale*, Cerf, 1993.

Sur certains pays en particulier
- J.-J. Becker, S. Audoin-Rouzeau, *La France, la Nation, la Guerre. 1850-1920*, Sedes, 1995.
- R. Chickering, *Imperial Germany and the Great War, 1914-1918*, Cambridge University Press, 1998.
- B. Michel, *La Chute de l'Empire austro-hongrois, 1916-1918*, Robert Laffont, 1991.
- T. Wilson, *The Myriad Faces of War, Britain and the Great War*, Polity Press, 1986.

Sur l'après-guerre
- F. Abbad, *La France des années 1920*, Armand Colin, 1994.
- A. Becker, *Les Monuments aux morts, Mémoire de la Grande Guerre*, Errance, 1988.
- G. Mosse, *Fallen Soldiers. Reshaping the Memory of the World Wars*, Oxford, 1990.
- A. Prost, *Les Anciens Combattants et la société française, 1914-1939*, PFNSP, 1977.

TABLE DES ILLUSTRATIONS

COUVERTURE
1er plat haut Image du film *La Bataille de la Somme*, 1916; bas Petit canon en fonctionnement, photo.
2e plat Affiche de recrutement anglaise
Dos Croix de guerre anglaise, française, allemande.

OUVERTURE
1-9 Extraits des carnets 2, 6 et 10 d'André Mare. Collection privée, Paris.
1 Autoportrait cubiste.
2-3 Le canon de 280 camouflé.
4 Départ pour le camouflage, 1917.
5 André Mare, blessé à l'hôpital, 1917.
6-7 Extrait de la liste des travaux de camouflage confiés à André Mare.
8-9 L'ennemi demande l'armistice, 1918.
11 Monument aux morts en Champagne, photo.

CHAPITRE I
12 Défilé d'un bataillon d'infanterie coloniale partant pour le front, Paris, 1915, photo.
13 Ordre de mobilisation générale, affiche.
14-15 Cimetière allemand de Montaigu, Aisne, photo.
14 Croix de soldat inconnu, cimetière en Lorraine, photo (détail).
16 *Histoire de l'Alsace racontée aux petits enfants*, lithographie de Hansi.
17h Contre la loi de trois ans de service militaire, affiche SFIO, 1913.
17b Le serment des conscrits devant un monument aux morts de la guerre de 1870, in *Le Petit Journal*, avril 1911.
18 «La Guerre dans la paix», manœuvres navales allemandes en 1903, affiche.
18-19 La situation en Europe en 1914, caricature.
20h Une du *Petit Parisien*, 29 juin 1914.
20b Arrestation d'un complice de Princip lors de l'attentat de Sarajevo le 28 juin 1914, photo.
21 Pendaison de deux condamnés turcs par les Bulgares pendant la première guerre des Balkans en 1912, photo.
22h Départ des troupes en Àllemagne, photo.
22-23 Embarquement du 6e territorial, Dunkerque, août 1914, photo (détail).
23 Mobilisation en août 1914 à Berlin, photo (détail).
24 Soldat du 128e régiment d'infanterie, La Marne, 1914, peinture de R. Desvarreux, Musée de l'Armée, Paris.
25b Front ouest en 1914.
25b La ville belge de Termonde réoccupée par les Belges qui y sont retranchés, photo.
26h Le général Joffre.
26m Signature de Joffre.
26-27 Soldats dans une tranchée, Marne, 1914, photo (détail).
27 Bataille de la Marne, troupes transportées en taxi, 1914, photo.

CHAPITRE II

28 *La Guerre*, peinture de Otto Dix, 1914, Kunstsammlung Nordrhein-Westfalen, Düsseldorf.
29 Masque à gaz. Historial de la Grande Guerre, Péronne (HGG).
30 Poste d'observation d'un guetteur au fort de Vaux, 1916, photo.
30-31 *Avant une attaque*, aquarelle de André Devambez, 1915, Musée de l'Armée, Paris.
31 Tranchée pour tireur debout, gravure.
32-33 Les fronts de 1914 à 1917.
34 Cadavres d'Allemands dans une tranchée, 1917, photo.
34-35m Autographe de Pétain.
34-35b *La Voie sacrée*, peinture de George Scott, 1916. Musée de l'Armée, Paris.
36 Blessés anglais, près d'Albert, 1916, photo.
36-37 Bataille d'Albert, 1er juillet 1916, photo.
38-39 Images du film *La Bataille de la Somme*, 1916.
40 Éclat d'obus. HGG.
40-41 *Gassed*, peinture de J. S. Sargent, Imperial War Museum, Londres (IWM).
41 Mitrailleuse, photo.
42 «Britons, Kitchener wants you ...» affiche anglaise, 1916.
42-43 Soldats dans des trous de boue, photo.
44h «La Dame de cœur», gravure.
44b Soldat français écrivant dans une tranchée, photo (détail).
45h Un convoi de soldats rentre des Éparges, 1915, photo.
45b Distraction sur le front, photo.
46 *Le Poilu déchaîné* journal de tranchée, 1916.
47hg Briquet de campagne, cuivre, fer. HGG.
47hd Obus allemand peint, 1916. HGG.
47m Violon de tranchée français. HGG.
47bd Nécessaire à couture allemand. HGG.
48h Identification de cadavres près de Reims, juillet 1918, photo.
48m Cocarde apposée sur les tombes françaises. HGG.
48-49 Soldats anglais blessés portés par des prisonniers allemands, 1916, photo (détail).

CHAPITRE III

50 Affiche d'emprunt français, Abel Faivre, 1915.
51 Pot à moutarde représentant Guillaume II. HGG.
52-53 Usine d'armement britannique, photo.
54 Femme à l'usine, Paris, photo.
54-55 Travailleurs chinois dans la Somme, photo.
55 Tirailleur algérien partant pour la guerre, affiche d'emprunt, 1917.
56h Emprunt russe, affiche, 1917.
56b Ménagères de Berlin faisant la queue pour récupérer des épluchures de pommes de terre, 1916, photo.
57 Emprunt de guerre allemand, affiche.
58 Cartes de rationnement de divers pays. HGG.
59h «Mon brave petit!», dessin, in *L'Illustration*, 1917.
59b Vaisselle patriotique, «Passage de l'Yser». HGG.
60g Couverture du *Rire*, janvier 1916.
60hd «L'histoire du général Hindenburg», couverture d'un livre pour enfants. HGG.
60hm *Bécassine mobilisée*, bande dessinée. HGG.
61 «Y'a bon Banania», boîte. HGG.
62hg Boule de Noël allemande, avec le portrait de Hindenburg. HGG.
62bg Boîte à musique. HGG.
62bd Assiette patriotique, canon de 75. HGG.
62-63 Jeu de l'oie «Jusqu'au bout». HGG.
63bg Jouet en bois animé. HGG.
63bd Cartes à jouer «La Madelon». HGG.
64g Veuve de guerre au cimetière, photo.
64hd Autel portatif d'un soldat américain. HGG.
65h Carte postale avec vignette du Sacré-Cœur.
65b Crucifix fondu dans un éclat d'obus. HGG.
66 «Mon Dieu protège les défenseurs de la civilisation», carte postale.
66-67 Plaque d'identité avec médaille religieuse. HGG.
67 «1914, pour le droit, pour la civilisation», carte postale.

CHAPITRE IV

68 Évacuation par des soldats français après un bombardement, photo.
69 Journée des troupes coloniales, affiche de Lucien Jonas.
70 Mise en croix d'un soldat allemand, lithographie de E. Benito.
71h Charnier d'Arméniens, photo de Armin T. Wegner.
71b L'exode en Belgique, photo.
72 Groupe de femmes déportées à Holzminden, Ardennes, photo, 1916.
73h Marine française en vue des Dardanelles, carte postale.
73b De gauche à droite : sir Douglas Haig, Joffre et David Lloyd George, 1916, photo (détail).
74 Australiens, père et fils, à Gallipoli, photo.
74-75 Débarquement aux Dardanelles, photo.
76 Affiche pour la Serbie, Steinlen, 1916.
77 L'armée française à Salonique, 1916, photo.
78 Départ pour le front d'un convoi de Turcs en gare de Champigny, 1914, photo.
78-79 Le fanion du 43e bataillon de tirailleurs sénégalais en 1916, photo.
79h Soldats annamites dans une tranchée, Marne, photo (détail).
79b «Für der Zivilisation! Gegen die Barbarei!» caricature allemande.
80 «Uboote heraus», affiche allemande.
81 *Camouflage en cale sèche à Liverpool*, peinture de Edward Wadsworth, 1919. Musée des Beaux-Arts du Canada, Ottawa.

TABLE DES ILLUSTRATIONS

CHAPITRE V

82 Affiche américaine célébrant l'entrée en guerre des Etats-Unis, 1917.
83 Soldat russe arrêtant deux déserteurs, nov. 1917, photo.
84 Arrivée à Paris d'un régiment d'infanterie américain, juillet 1917, photo.
85h Réunion de propagande pour l'enrôlement à New York, photo.
85b Affiche d'emprunt américaine, 1917.
86 Traité de Brest-Litovsk, déc. 1917, photo.
86-87 *Lénine au meeting des usines Poutilov à Pétrograd*, peinture de Brodski, 1926.
87 Le général Broussilov, photo (détail).
88 «Le Général Nivelle, niveleur», dessin de C. Léandre, in *Le Rire*, 1917.
89 Soldats australiens lors de la troisième bataille d'Ypres, 1917, photo.
90 Le général Pétain dans les cantonnements, juin 1917, photo.
91h Point de départ de camions de permissionnaires, nov. 1917, photo.
91 Tract diffusé par les mutins, 1917. Archives de l'Armée de terre, Paris.
92-93 *Over the Top*, peinture de John Nash, 1918, IWM.
94 Grève des midinettes à Paris, place Vendôme, 18 mai 1917, photo.
94-95 «L'unité de front est enfin réalisée» dessin, in *Le Rire*, 1917.
95 «Les Pacifistes», couverture de *La Baïonnette*, août 1916.
96-97 Soldats après l'offensive, photo.
97 Clemenceau visite le champ de bataille Le Mont Homme, Meuse, sept. 1917, photo.

CHAPITRE VI

98 L'armée britannique sur les bords du canal Saint-Quentin, sept. 1918, photo.
99 Calendrier 1919. HGG.
100 L'église Saint-Gervais à Paris, après le bombardement, 29 mars 1918, photo.
101h Avancée de l'infanterie allemande, 29 mai 1918, photo.
101g Ernst Jünger, photo (détail).
102-103 Tank et infanterie britanniques, Bapaume, 1918, photo.
103 L'aviation allemande, gravure.
104 Pages de titre de *The Evening News* et de *L'Echo de Paris*, nov. 1918.
105 Signature de l'armistice à Rethondes, carte postale coloriée.
106-107 L'armistice à Paris, photo Meurisse.
107 Abdication de la monarchie allemande, caricature, 1918.
108 «Le Drapeau rouge», affiche, 1918.
108-109 *La Nuit*, peinture de Max Beckmann, 1918-1919, Kunstsammlung Nordrhein-Westfalen, Düsseldorf.
110 Arrivée du président Wilson à Paris, 14 déc. 1918, photo.
111 *Signature du traité de Versailles, 28 juin 1919*, peinture de W. Orpen, 1925, IWM.
110-111 De gauche à droite : Lloyd George, Orlando, Clemenceau, Wilson à Paris en 1919, photo (détail).
112-113 Carte de l'Europe et du Moyen-Orient en 1920.
114 Soldats français montant la garde au confluent de la Moselle et du Rhin, photo.
114-115 Destruction d'un tank allemand photo (détail).
116 Défilé de l'armée américaine sous l'Arc de Triomphe le 14 juillet 1919, dessin.
116-117 *La Procession des mutilés, 14 juillet 1919*, gouache de Jean Galtier-Boissière, Musée d'histoire contemporaine, Paris.

CHAPITRE VII

118 *La Partie de cartes des mutilés de guerre*, peinture de Otto Dix, 1920. Coll. part.
119 Soldat américain.
120-121 Montdidier détruit, 1918, photo.
121 Plaque émaillée d'un soldat. HGG.
122 Emprunt de la paix, affiche. HGG.
122-123 *Le Retour de prisonniers, novembre 1918*, aquarelle de F. Flameng, Musée de l'Armée, Paris.
124h Mise en place du soldat inconnu sous l'Arc de Triomphe, 11 nov. 1920, photo.
124g De haut en bas : croix de guerre française, allemande, anglaise.
124-125 Monument aux morts à Auchel, Pas-de-Calais.
126h Hitler à gauche, photo.
126-127 Mutilés anglais dans un hôpital militaire, photo, 1920.
127 «Gueule cassée», avant, après, photo.
128 Monument aux morts canadien, Vimy, photo (détail).

TÉMOIGNAGES ET DOCUMENTS

129 «A mon époux chéri»», plaque émaillée. HGG.
130 Une du *Poilu*, journal de tranchée.
131 Tirailleurs sénégalais se préparant à l'attaque, photo.
133 Assaut des Anglais à Vimy, 1917, photo.
134 Bromurine.
135 Deux amoureux, 1914, photo.
136 Plaque du souvenir. HGG.
137 Jeunes femmes fleurissant des tombes anglaises, 1918, photo.
139 Mère fleurissant la tombe de son fils, Marne, 1915, photo.
140, 142-143 Dessins de Yves Congar.
141 Enfant pendant la guerre, 1916, photo.
147 Inauguration de l'ossuaire de Douaumont, 1927, photo.
148 Invalides de guerre, photo.
149 Unes de journaux d'anciens combattants.
150 Vue intérieure de l'Historial de Péronne.
151 Vue extérieure de l'Historial de Péronne (Somme).

INDEX

A

Afrique du Sud 78.
Algérie 55.
Alliés 73, *73*, 78, *78*, 79, *85*, 102, *102*, *103*.
Amérique latine 81.
Angleterre/Anglais 16, 17, 18, 19, *19*, 21, 23, 25, 34, 35, 36, *39*, 42, *42*, 43, *45*, 54, *54*, 55, 58, 60, 61, *75*, 76, 78, 80, 85, 85, 89, 89, 94, 95, 96, *99*, *101*, 104, 105, 109, 120, 122.
Annamites 79.
ANZAC (Australian New Zealand Army Corps), bataillons de l' 75.
Arméniens, déportation des *71*, 72.
Armistice 105, *105*, 106.
Autriche-Hongrie 16, 17, 20-21, 24, 27, 42, 56, 71, 73, *75*, 76, 78, 86, *87*, 89, 96, 105, *106*, *113*, 115.
Aviation 102, 103, *103*.

B

Banania *61*.
Barbusse, Henri 60.
Barrès, Maurice 35, 61.
Battle of the Somme, The (*La Bataille de la Somme*) (film) 39, 60.
Bécassine *60*.
Belgique 25, *25*, 70, 71, *71*, 72, *89*, 107, 121.
Benoît XV, pape 49.
Berlin *23*.
Bismarck 87.
Bosnie-Herzégovine 20, *20*.
Brest-Litovsk *86*.
Broussilov, général 86, *87*.
Bulgarie 76, 77, 105.

C - E

Cameroun 79.
Canada/Canadiens *43*, 78.
Caporetto, bataille de 73, 89, 100.
Chars d'assaut 102, *102*, *103*.
Chemin des Dames (Aisne) *88*, 89, 91.
Churchill, sir Winston 75.
Cimetières militaires *15*, *49*.
Clemenceau, Georges 61, 96, *96*, *97*, 110, *110*, 111.
Correspondances de guerre 44, *44*, 59.
Croix-Rouge, comité international de la 49, *66*.
Dardanelles, détroits des 73, *75*, 76, 77.
Déportations *71*, 72, *72*.
Dix, Otto *29*, *119*.
Dublin 96.
Eisner, Kurt 108.
Emprunts d'Etat 55, *56*, *85*, *122*.
Erzberger, Matthias *105*.
Etats-Unis 55, *76*, 80, *80*, 81, 83, 84-85, 87, 106, 122.

F - H

Falkenhayn, général von 34.
Femmes, travail des *52*, *53*, 54, *54*.
Feu, Le (H. Barbusse) 60.
Fiume, port de 116.
Foch, général 61, 101, *105*.
François-Ferdinand, archiduc *20*, 21.
Gallipoli, presqu'île 76.
Gaz moutarde 41, *41*.
George V 61.
Grande-Bretagne, *voir* Angleterre.
Grèce 76, *76*.
Grèves 94, *94*, 95.
Guerre de 1870 *17*, 18, 71.
Guerres balkaniques (de 1912 et 1913) 21, *21*.
Guillaume II 106.
Habsbourg, dynastie des 105.
Haig, maréchal 61.
Hansi (Jean-Jacques Waltz, dit) 16.
Hindenburg, général 27, 61, 107.
Hitler, Adolf *105*, 126, *126*.
Holzminden, camp de (Prusse orientale) 72.
Hongrie 108.

I - J

Indochine 54.
Irlande 96.
Istrie 116.
Italie 17, 73, 89, 105, 109, 116, 121, 123.
Japon 79.
Jaurès, Jean 22.
Joffre, maréchal 25, *26*, 34, 61, *88*.
Journaux de tranchées 29, 44, *47*, *117*.
Jünger, Ernst *99*, *101*.
Jutland, bataille de 80.

K - L

Kienthal (Suisse) 95.
Kitchener, maréchal Horatio Herbert 36, 61.
Krieg, Der (O. Dix) *29*.
Kun, Béla 108.
Lénine 87.
Liebknecht, Karl 108.
Lloyd George, David 96, 110, *110*, 111.
Londres 106.
Louvain, incendie de la bibliothèque de 70.
Ludendorff, général 27, 61, 100, 101, 104, 105.
Luxembourg, Rosa 108.

M - N

Mangin, colonel 78.
Marne, bataille de la 26, *26*, 27.
Marne, seconde bataille de la 101.
Mitrailleuses 40, *41*.
Moltke, général 25.
Montdidier (Somme) *120*.
Morts, monuments aux 124-125.
Mutineries 89, 90, 91, 94.
Nazisme 116.
Nivelle, général *88*, 89, 90.
Nouvelle-Zélande *75*, 78.

O - P

Orient, armée d' 76, *77*, 105.
Orlando, Vittorio 110, *110*, 111.
Ottoman, Empire/ Ottomans *21*, 71, 72, 73, *75*, 76, 105, *106* , *113*.
Paris 25, *84*, *94*, 101, 106, *107*, *110*, *110*.
Parti communiste allemand 108.
Parti socialiste allemand (SPD) 108.
Pétain, Philippe 34, 61, 90-91, 100.
Poincaré, président Raymond 23.
Pologne *113*, 121, 123.
Portugal 76.
Princip, Gavrilo 20.
Propagande 58, 59-61, 70, *85*.
Puissances centrales 56, *56*, 73, *76*, *77*, 83, 105.

R

Rationnement, cartes de *56*, 58.
Reims, bombardement de la cathédrale de 70.
Renault, industrie 102.
Rethondes (forêt de Compiègne) *105*, 106.
Révolution russe 86-87.
Rhénanie, occupation de la *115*.

Rire rouge (journal) *88*, *95*.
Rolland, Romain 61.
Roumanie 76, *113*.
Russie/Russes 16, 17, 20, *21*, *24*, 27, 42, 70, 71, 72, *73*, 76, 83, *83*, 86-87, 94, 96,*106*, *113*, 121.

S - T

Saint-Gervais, église (Paris) *100*.
Saint-Quentin (Aisne) *99*.
Sarajevo, attentat de 20, *20*, 21, 76.
Sarrail, général 77.
Schlieffen, plan 25, 26.

Sénégalais, tirailleurs *61*, 78, 78.
Serbie 20, 70, 76, *76*, 121.
Socialistes 22, 23, 95, *95*, 96, 116.
Société des Nations (SDN) *110*, 114.
Soldat inconnu, culte du *124*, 125, 126.
Somme, bataille de la 35, 36-37, 49, 80, 102.
Sous-marine, guerre 80, *80*.
Spartakiste, courant 108, *108*.
Tannenberg, victoire de 27.
Tchécoslovaquie *113*.

Togo 79.
Traité de Versailles 110-111, *113*, 114, *115*, *123*.
Tranchées, système des 30-31.
Transylvanie *113*.
Triple Entente 17, 73, 79, 84.
Triplice 16, 73.
Trotski, Léon *86*.
Turquie/Turcs, *voir* Ottoman, Empire.

U - Z

Union sacrée 23, 96.
Vauquois (Meuse) *36*.
Verdun, bataille de 30,

34-36, *88*.
Vienne *23*.
Villain, Raoul 22.
Vittorio Veneto, bataille de 105.
Voie Sacrée (Meuse) *35*.
Weimar, république de *101*.
Weygand, général *105*.
Wilson, Woodrow 80, 105, 110, *110*, 114.
Ypres, bataille d' 41, *43*.
Ypres, troisième bataille d' 89, *89*.
Zimmerwald (Suisse) 95.

CRÉDITS PHOTOGRAPHIQUES

ADAGP, Paris 1998 1-9, 24d, 28, 30-31, 70, 81, 108-109, 118. AKG, Paris 23, 28, 48h, 86, 101h, 103, 107, 111, 118, 126, 130, 135, 141, 147, 148, 149. Archives des Ardennes 72. Archives Gallimard Jeunesse, Paris 20h, 59h, 67, 77, 83, 84, 90.BDIC, Paris 12, 26-27, 64g, 97, 116-117, 131. A. Becker, Lille 124-125, 128. Bundesarchiv, Coblence 114. Centre d'Inf. et de Doc. Arménien, Berlin 71h. Jean-Loup Charmet, Paris 18. Kristof Chemineau 25, 32-33, 112-113. CIRIP, Paris 17h. Yves Congar/Editions du Cerf 140, 142, 143. Didier Cry 150. ECPA, Ivry 91h. E. T. Archives, Londres 42, 80. John Foley, Paris 11, 14, 15. Giraudon, Paris 16. Historial de la Grande Guerre, Péronne/Patrick Léger couv dos, 2e plat, 13, 18-19, 24b, 29, 40, 44, 45b, 46, 47, 48m, 50, 51, 54, 55, 56h, 58, 59b, 60, 61, 62, 63, 64d, 65, 66, 66-67, 68, 70, 73h, 79b, 82, 85b, 88, 94-95, 95, 99, 102-103, 104, 105, 116, 119, 121, 122, 124g, 129, 134, 136. Imperial War Museum, Londres couv Ier plat haut, 34, 36, 37, 38-39, 40-41, 42-43, 48/49, 52-53, 73b, 74, 89, 92-93, 98, 126-127, 127, 137. Josse, Paris 30-31. Walter Klein, Dusseldorf 108-109. François Lagarde, Montpellier 101g. Musée de l'Armée, Paris 24d, 122-123. NGC/MBAC 81. Novosti, Paris 86-87. Roger-Viollet, Paris 20b, 21, 22, 22-23, 25, 26h, 27, 41, 45h, 71b, 78, 78-79, 79h, 85h, 87b, 94, 110, 110-111, 114-115, 120-121, 124h, 133, 139. Tallandier, Paris couv. Ier plat bas, 30, 74-75, 91b, 106-107. Ullstein Bilderdienst, Berlin 56b. Jean Vigne, Paris 17b, 31, 96-97.

REMERCIEMENTS

Les auteurs tiennent à remercier chaleureusement Didier Parizot et Nicole Rambourg ainsi que l'ensemble des membres de l'Historial de la Grande Guerre de Péronne et de son centre de recherche.
L'éditeur remercie tout particulièrement Véronique Harel, chargée de l'action culturelle à l'Historial de Péronne, et Laurence Graffin.

ÉDITION ET FABRICATION

DÉCOUVERTES GALLIMARD
DIRECTION Pierre Marchand et Elisabeth de Farcy.
GRAPHISME Alain Gouessant. FABRICATION Claude Cinquin. PROMOTION & PRESSE Valérie Tolstoï.
LA GRANDE GUERRE 1914-1918
ÉDITION Anne Lemaire. ICONOGRAPHIE Maud Fisher-Osostowicz et Suzanne Bosman.
MAQUETTE ET MONTAGE PAO Riccardo Tremori (Corpus) et Rebecca Peshdikian (TD).
LECTURE-CORRECTION Pierre Granet et Jocelyne Marziou.
PHOTOGRAVURE Arc-en-Ciel, Paris.

Table des matières

I ENTRER DANS LA GUERRE
14 L'ère des catastrophes
16 Passions nationalistes
18 La course aux armements
20 La crise des Balkans
22 Partir
24 L'offensive allemande
26 La fin de la guerre de mouvement

II COMBATTRE DANS UNE GUERRE NOUVELLE
30 Face à face dans les tranchées
32 Les fronts de 1914 à 1917
34 Mourir à Verdun
36 La «bataille» de la Somme
38 Le cinéma témoigne
40 Un déluge de feu
42 Mourir dans la boue
44 Vivre au front
46 Artisanat de tranchée
48 «Un monde décidé à se suicider»

III LES «FRONTS INTÉRIEURS»
52 Femmes à l'usine
54 Emprunts de guerre
56 Pénuries et désorganisation
58 Bourrage de crâne
60 Objets patriotiques
62 Jeux et jouets
64 Pour une humanité meilleure
66 L'amour de la patrie

IV GUERRE MONDIALE, GUERRE TOTALE
70 L'horreur quotidienne
72 Premières déportations
74 Débarquement aux Dardanelles
76 Le front oriental
78 Le renfort militaire des colonies
80 Batailles navales

V 1917, L'ANNÉE TERRIBLE
84 Les Américains dans les tranchées
86 La débâcle russe
88 Nouvelles offensives meurtrières
90 Le doute des combattants
92 Marcoing, décembre
94 Grèves et pacifisme
96 L'épuisement

VI VAINCRE OU ÊTRE VAINCU
100 La tactique allemande
102 Les chars d'assaut des Alliés
104 L'Allemagne défaite
106 La joie de la victoire
108 L'Allemagne en révolution
110 Un nouvel ordre international
112 L'Europe et le Moyen-Orient en 1920
114 Les réparations de guerre
116 Une «paix mutilée»

VII SE SOUVENIR
120 Des pays en ruines
122 Le malaise des années vingt
124 Le long travail de deuil
126 La tragédie du monde

TÉMOIGNAGES ET DOCUMENTS
130 Combattre
134 «Garde-toi mon Lu»
136 Etre en deuil
140 Des enfants dans la guerre
144 Les grandes attentes de 1914-1918
148 Témoigner
150 Un Historial pour la Grande Guerre
152 Chronologie
154 Annexes